U0513393

# 云环境下的
# 文件档案可信性保障

聂曼影 主编

TRUSTWORTHINESS OF RECORDS IN
THE CLOUD ENVIRONMENT

社会科学文献出版社
SOCIAL SCIENCES ACADEMIC PRESS (CHINA)

# 编委会

## 主 编
聂曼影

## 副主编
范冠艳　张淑霞

## 译 者
（按音序排列）

白宇哲　蔡盈芳　范冠艳　范雯然　李思艺　马林青
聂曼影　曲文哲　施蓓　田呈彬　王健　王宁
吴爽　张晨旭　张淑霞　张汪嫒

# 目　录

序　言 ……………………………………………… 露西安娜·杜兰蒂

前　言 ……………………………………………… 聂曼莉

## 第一部分　文件的真实性

数字文件的真实性

　　——基于行业实践的调查 ……………………… 科琳·罗杰

网际空间的信任问题及其背景关系 ……………… 杰弗瑞

## 第二部分　云文件与云信任

新技术、新挑战

　　——云环境中的文件保存与处置 ……… 帕特里夏·C. 弗兰

云信任

　　——基于档案学的视角 ………………………… 埃里克·伯里

云服务合同

　　——信任问题 ………………………………… 杰西十

　　　　　　　　　　　　　　　　　　　　　　玛丽

　　　　　　　　　　　　　　　　罗伯特·麦克

开放政府与开放政府信息中的信任框架构建

　　——基于文件档案管理的视角 ……………… 瓦莱丽

　　　　　　　　　　　　　　　　　　　　　　凯瑟琳

# CONTENTS

Preface                                         Luciana Duranti / 001

Forewards                                        Nie Manying / 001

## Part 1    Authenticity of Records

Authenticity of Digital Records:

    A Survey of Professional Practice              Corinne Rogers / 003

Trust and Context in Cyberspace                    Geoffrey Yeo / 022

## Part 2    The Cloud and Trust in the Cloud

New Technologies, New Challenges:

    Records Retention and Disposition in a Cloud Environment

                                                  Patricia C. Franks / 053

What About Trust in the Cloud?

    Archivists' Views on Trust               Erik A. M. Borglund / 074

What About Trust in the Cloud?

    Archivists' Views on Trust

                                        Jessica Bushey, Marie Demoulin,

                                              Robert McLelland / 088

Through a Records Management Lens:

    Creating a Framework for Trust in Open Government

    and Open Government Information  Valerie Léveillé, katherine Timms / 114

## Part 3    The Cloud and Cloud Archives

Archival Cloud Services:

    Portability, Continuity, and Sustainability Aspects of

    Long-term Preservation of Electronically Signed Records

Hrvoje Stancic, Arian Rajh,

Hrvoje Brzica / 155

Public Cloud Archives:

    Dream or Reality?                                       Anna Sobczak / 173

Archivematica As a Service:

    COPPUL's Shared Digital Preservation Platform

Bronwen Sprout, Mark Jordan / 180

# 序　言

　　本书是 InterPARES Trust 亚洲团队进行比较研究的一个成果。"网络化社会中数字文件的可信性",即 InterPARES Trust,是一项国际合作研究,探讨日益网络化环境中创建、存储和管理的文件和数据的可信性问题。InterPARES Trust 的目标是生成理论和方法论的框架,支持综合一致的地方、国家和国际的关于互联网环境数字文件的政策、程序、法律法规和标准的制定,以建立基于善治证据、强大数字经济和持久数字记忆的公众信任。

　　信任既是一种令人着迷的基本社会现象,也是一种难以捉摸且具有挑战性的研究。InterPARES Trust 各合作研究机构通过跨学科和多学科的焦点,将研究置于全球和区域(文化)环境中来应对这一挑战。这就是为什么 InterPARES Trust 团队包括文件管理、档案学、文书学、风险管理、信息保障、信息政策、信息技术、计算机网络通信、计算机工程、网络安全、电子商务、电子发现、数字取证、证据法、知识产权、调查性报道、新闻学、知识组织、政治学、哲学和情感分析等方面专家的研究员和合作机构。InterPARES Trust 国际联盟由首席研究员/项目主任露西安娜·杜兰蒂(Luciana Duranti)领导,包括由英属哥伦比亚大学和圣何塞州立大学共同领导的北美队、由墨西哥国立自治大学领导的拉丁美洲队、由克罗地亚萨格勒布大学领导的欧洲队、由中国人民大学领导的亚洲队、由南非大学领导的非洲队、由惠灵顿维多利亚大学领导的澳大拉西亚队和由联合国教科文组织领导的跨国队。联盟还包括不隶属于任何合作机构但属于区域团队的独立研究人员,以及作为专门知识领域顾问的个人专家,这些专家在必要时为研究提供无偿服务。

　　InterPARES Trust 研究由五个研究领域和五个跨领域组成,涵盖了技术、组织、社会、文化和法律框架中的信任问题。因此,贡献也是相应的。InterPARES Trust 研究领域和跨领域如下。

**基础设施**：基础设施领域考虑与系统架构及基础设施相关的问题，因为它们影响在线环境中的文件档案。需要调查的问题包括：云的类型及其可靠性；合同协议的类型（服务水平协议）及其谈判、范围、灵活性等；成本，包括先期成本和隐藏成本。

**安全**：安全领域考虑与在线数据安全相关的文件问题，包括：安全方法（加密、数据分区、模糊处理和地理区位）；数据泄露；网络犯罪；与共享服务器相关的风险；信息保障；治理；审计和审计能力；司法取证准备；风险评估和备份。

**控制**：控制领域与安全领域不同，其重点是在线环境中的数字资源管理。它研究的问题包括：数据的真实性、可靠性、准确性和完整性；元数据；保管链；保管和处置；传输和收集；智能控制和访问控制。

**访问**：访问领域研究开放访问或开放数据；知情权、记住的义务或被遗忘权；隐私；问责制和透明度。

**法律领域**：法律领域考虑的问题包括：法律特权的应用（包括治外法权问题）；合法持有；证据链；在审判时提供的证据的鉴定；认证；软法（特别是联合国标准制定工具）的映射、范围、潜在影响和约束。

**术语**：术语跨领域涉及正在进行的多语种词汇表的制作；多语种词典；知识本体以及解释项目术语和概念的使用的相关论文。

**资源**：资源跨领域涉及正在进行的注释书目的制作，确定相关的已发表的文章、书籍、案例法、政策、法规、标准、博客和类似的灰色文献。

**政策**：政策跨领域考虑五个研究领域的政策性问题。如，它涵盖与制定和实施"基础设施"或"安全"标准有关的政策问题，或作为法律实施的促进者。一般而言，它解决有关在线环境中文件档案管理政策的制定和实施方面的问题；政策可以是广泛的，比如国家信息管理政策，也可以是非常具体的，如一个机构采用某些标准的政策。

**社会问题**：社会问题跨领域关注互联网对社会变革的影响，包括但不限于各种社交媒体的使用或滥用、新闻的可信性、数据泄漏（故意的或意外的，或不可抗力）的后果、发展问题（全球视角的力量平衡）、组织文化问题和个人行为问题。

**教育：** 教育跨领域涉及不同课程模式的发展，以传递项目所产生的新知识。

研究的理论框架来源于档案学和文书学理论，特别是有关信任文件的基本思想。然而，研究团队也使用信息系统管理领域所采用的理论来更好地理解并解决问题。从机构的角度来看，使用在线环境的成功基于三种利益：战略、经济和技术。在商业中，信任通常指关系中的一方基于对这些利益的价值体系的一致性从而对另一方有信心。业务视角强调这样的事实，即选择在互联网上保存机构的文件必须基于超出物质和人力资产的能力，扩展到领导力、业务系统思维、关系构建、架构规划、合同促进和监控等方面。因此，我们使用基于资源的理论，专注于技术、管理和人际关系能力的重要性，合理支配资源，使竞争优势最大化。基于资源的理论展示了机构在利用这些资源的方式上的表现差异，并且可以帮助我们识别和利用不同文化、社会和机构类型的资源，以构建能够在国际背景下使用的模型。

我们所依赖的另一个框架是风险管理框架，这是一个与信任互为补充的研究领域，在一个不确定的环境下做出决策的过程中，它是与信任相辅相成的。已经存在几种信任模式，但很少有人探索风险与信任之间的关系。风险管理领域的研究和实践提供了对信任的可操作的和社会性的视角。

最后，我们的目标之一是设计政策模型，并且可以在需要通过数字文件进行交流的不同文化、社会和机构中进行调整。我们借鉴了设计理论。这是必要的，因为这些政策需要应对未来技术互动所带来的挑战，而这些挑战是我们目前无法想象的。设计理论家善于在许多未知的情况下采取有原则的行动。

在方法论上，这项研究需要多方面、多样化和动态性的方法：多方面是为了处理固定和移动设备产生的数字文件的多态性；多样化是为了适应不同社会、文化和机构环境的不同要求；动态性是为了响应信息和通信技术的持续变化及其使用以及未来用户的期望和需求。

文件，作为行动和思想的证据，是进行观察的原材料。我们相信，文件提供的证据使我们能够跨越时空进行交流。这种立场坚定地植根于经验主义。我们以处理文件的态度开展研究。在对互联网上的数字文件的信任调查过程中，我们采用了一种基于经验观察（案例研究）的研究方法，即利用通过人种学方法研究观察形成的文件和利用调查的结果开展研究。为了在我们的案例研究中理解像信任这样的概念，我们使用了社会建构的一般理论，并将我们的假设建立在先前的 InterPARES 研究成果的基础上。我们观察了案例中信任的表现，并记录了网络社会中数字文件证据价值的变化情况。

在快速变化的技术环境中，文件的作者身份、所有权和权限都有可能被质疑，文件管理和存储出现不可避免的断层。为了探索互联网信任关系的本质、风险、弱点，我们专注于收集、分析和解释世界范围内各类组织和机构的数据。经过调查，四年来我们进行了大量的案例研究。

研究结果用活动和实体建模来表示。项目引进了一种分析工具，可以在修改之前和之后对情景现实和工作流程进行理解，以解决问题。这项工作的成果是 PaaST（作为信任工具的保存），其目的是在 InterPARES Trust 研究的基础上显示，需要什么条件才能使数据可靠地保存在云中；就是可以把需要长期保存的数据委托给公共云提供商，并可期望能够检索到在所有重要方面与所转换数据一致的数据，或者检索到与最初所提交数据有差异的数据，但其差异有充分准确和精密的说明，足以判断它们是否适合任何用途。PaaST 项目建立在 InterPARES 项目前三期的研究成果和 ISO 标准《开放档案信息系统》（OAIS）的基础上。它不同于 OAIS 标准，因为 OAIS 是一个参考模型，它定义了保存所需的功能和信息，但没有说明如何实现这些功能和信息。虽然 PaaST 在实施方法和技术方面是中立的，但它正在不断发展以促进应用软件的开发。因此，PaaST 的范围比 OAIS 标准的范围要窄，特别是排除了不能自动实现的功能。

在进行案例研究时，组成国际联盟的每一个团队都进行了一般性的研究，这些研究有助于他们将案例研究融入研究背景。这些一般性研究确定每个地区的有关立法、政策和其他现有的法规文件并加以分析；寻找与研究相关的学科的直接职权范围以外的相关书目资源；调查现有的实践；跨领域、跨文化和跨语言之间的术语协调；研究可能影响解决问题或制定政策的文化问题；着眼于经济、道德和其他可能影响国际联盟决定的因素，并在总体上调查国际联盟认为对其工作具有重要意义的问题。

翻译出版本书是亚洲团队在国际联盟研究的背景下为达到比较和情境

化的目的而开展的一项工作。我们希望读者受到激励和鼓舞，通过了解该
国际联盟各团队的研究成果，更深入地理解 InterPARES 项目。

InterPARES 国际研究项目总负责人

加拿大英属哥伦比亚大学教授

露西安娜·杜兰蒂

# 前　言

International Research on Permanent and Authentic Records in Electronic Systems（InterPARES）是国际文件档案界规模最大、历时最长、影响最深远的研究项目，其成果为国际上众多的电子文件、电子档案管理政策、标准、系统等的制定和研发提供了领先的知识支撑。该项目第四阶段主要致力于以互联网为主要形成、使用和管理环境的数字文件以及数字信息可信度的研究，简称为 ITrust。中国作为亚洲团队的负责国，全面负责该团队的研究活动、成果传递和知识移动。ITrust 自 2013 年启动以来，其所属的北美和欧洲团队已经研究出众多成果，将居于领先地位的北美和欧洲研究成果引进来，同时，积极产出与北美、欧洲团队相对应的中国团队研究成果并将其推出去，对档案界的发展有着重要意义。

本译集以"云与信任"为主题，入选的文章皆是北美的文件学者、档案学者对云环境下的文件和档案可信性保障研究的最新成果，其中既有对实践创新的肯定，又有对不断出现的新挑战的考量。当前，云和网络正在从各个维度改变着人类的传统认识和实践，由数字构成的世界变得越来越复杂，人与人、人与机构、机构与机构间的信任变得越来越微妙。文件、档案作为人类活动的第一记录和凭证，是构建社会信任的重要桥梁，而文件的真实性、完整性和可靠性也经受着更多的考验。从这个意义上来讲，本译集不仅是对档案学国际前沿研究成果的推介，更是对档案界面临挑战的警醒和诸多机遇的期望，对引导档案学未来的发展和前进方向有着重要意义。

译集分为三部分。第一部分关注文件构建信任功能所依赖的基础特性——真实性。第二部分从文件保管与处置、文件档案管理要求、云对档案工作者角色的影响等角度对信任展开了全面探讨。第三部分由云档案馆和云保存服务案例构成。在翻译过程中，译者力求准确，忠实原作者的意愿，同时注重本土化，厘清关键术语在中国的真实含义。例如，"records"一词，既对应中国归档前的文件，也对应保管在机关、团体、企事业单位档案室的档案，故在本译集中，根据语境分别译成"文件""档案"；又如"records management""records system""records policy"，主要是指机关、团体、企事业单位的文件、档案管理，而非档案馆的档案管理，因此，本译集译为"文件档案管理""文件档案系统""文件档案政策"。对于将 ISO 15489 等国际标准和 MoReq、美国国防部 DoD 5015.2 等文件中的"records"译为"文件"的既有译法，本译集不做修改，但应理解为"文件档案"。需要指出的是，基于个人不同的知识背景和学术理念，不同译者对原文的解读未必一致，故译集的呈现不代表唯一的结论。

本书译者分别是白宇哲、蔡盈芳、范冠艳、范雯然、李思艺、马林青、聂曼影、曲文哲、施蓓、田呈彬、王健、王宁、吴爽、张晨旭、张淑霞和张汪媛（按音序排列）；校译聂曼影、张淑霞。作为译集的主编，我非常感谢中国人民大学信息资源管理学院的谢丽教授，她是 ITrust 中国团队的主要负责人之一，为本译集的策划和整合做出了重要贡献；感谢在翻译过程中付出了辛勤劳动的译者，他们都是 ITrust 中国团队的骨干研究人员。另外，国家档案局档案科学技术研究所的王熹为本译集的出版做了大量事务性工作，在此也表示感谢。

本译集是文件/档案领域国际前沿研究成果，内容新颖，创新性强，加之译者水平所限，错误在所难免，恳请读者批评指正。

聂曼影

2017 年 11 月 8 日

北京

# 第一部分
# 文件的真实性

　　数字资源的真实性一直受到关注，但大多数人只是凭直觉理解什么是真实性，很少有人能够准确地认识到什么是确认、评估和保障真实性所必不可少的。对真实性评估多是启发式和解释性的，无法做到量化。目前档案领域有数个重要的研究项目讨论了确保数字资源在其整个生命周期中保持真实性的手段，但是，尽管档案界通过研究和努力让人们不断洞察数字资源的本质、了解数字资源长期保存的重要进展，但新技术，特别是互联网连接的分布式网络系统，带来的安全性和真实性方面的新挑战还是不容忽视。我们每天信任或依赖他人和无生命体，但信息资源和技术世界的信任或许正在日益减弱。与纸质环境不同，数据领域的信息需要更高的验证标准。同样，面对数字文件与档案，可能难以确定施以信任的程度。本部分对文件和信息专业人员就数字文件或数据真实性的确认、评估和保护方面的实践进行了调查，并阐述了相关的研究结果，探讨了"透明度是新的客观性"的观点，来源信息与背景关系成为增强文件透明度、评估可信性的基础。

# 数字文件的真实性

## ——基于行业实践的调查

科琳·罗杰斯[*]

张淑霞  聂曼影[**]

## 引　言

预计未来十年数字信息将以每年 40% 的速度增长，企业和政府纷纷制定相关战略，充分利用数字信息的多样化带来的机会（Turner et al.，2014）。云计算带来了显著的规模经济，且云用户无须掌控设备和技术，因而机构正在快速或至少正在考虑将现有的计算机实践（包括数字文件存储和管理）移到云端。目前云计算仅占机构 IT 总支出的 5%，但这个数字还在增长。据国际数据公司（IDC）[①] 的数据称，传统数字资源有了新技术基础设施的支撑之后，我们正在进入"第三平台"时代，即"由移动设备访问、利用大数据并且基于云的下一代计算平台"的时代。虽然并非所有数字信息都需要或会被保存，但那些值得保存的数据和文件应如何在多样化和快速发展的技术环境中建立和保护其真实性呢？

2014 年国际数据公司的报告指出，机遇的最大化需要 IT 机构采取一些必要措施，但是，"真正向数据驱动或软件定义的机构转变"这一措施需全员参与，而不仅限于 IT 机构（Turner et al.，2014）。文件领域应该对这一

---

[*]　科琳·罗杰斯（Corinne Rogers），美国人，博士，InterPARES Trust 国际研究项目总协调人，加拿大不列颠哥伦比亚大学兼职教授。主要研究兴趣为数字文件的真实性、信息伦理以及数字取证在档案实践中的应用。

[**]　译者：张淑霞，任职于国家档案局档案科学技术研究所；聂曼影，任职于国家档案局档案科学技术研究所。

[①]　国际数据公司（IDC），是全球著名的信息技术、电信行业和消费技术市场的知识提供商。

预测感到很高兴。毕竟，公共机构和私营机构的许多数字资源在我们领域内是作为文件和数据而形成、捕获、管理和保存的，这些文件和数据是业务决策的基础，也是集体与社会记忆的基础。我们的职业道德规范让我们遵从文件档案管理的原则，如问责制、完整性、合规性、可获得性、透明度、真实性、安全性、保存、保护、利用、隐私和信任 ［Association of Canadian Archivists（加拿大档案工作者协会），1999；Society of American Archivists（美国档案工作者协会），2011；ARMA International（美国文件档案管理者协会①），2014］。

无论文件被存储在何种介质上，文件长期保存的可信性（即可证明文件与其来源一致、可靠和准确）是档案工作的核心。长期保存不仅是指安全存储，还涵盖了保存中所有的工具、技术、政策和程序，确保目标材料不受时间和技术变革影响仍能可信、可访问和可使用。这需要包括档案工作者、文件管理者以及 IT 专业人员在内的跨学科团队的合作和共同努力。在数字世界，真实性是难以捉摸的，但仍然吸引我们持久关注。

尽管数字世界中 85% 的数据是由机构生成和负责的，但 2014 年的国际数据公司报告中并未提及这些数据的真实性、可信性、可靠性或完整性问题。这些特性似乎被归入了其他方面，如安全和隐私要求、使用移动设备和应对其快速增长（及增长中产生的数据）的能力以及（跨境和跨地区）查询数据的能力。此外，安全预算的分配情况也表明，机构在预防数据泄露及未授权访问上投入的资金远远超过了用于安全破坏响应的资金（EMC Corporation，2013）。并且，如果发生安全破坏事件，机构优先考虑的是恢复服务，而这往往是以牺牲有助于调查的痕迹证据为代价的（Endicott-Popovsky，Frincke and Taylor，2007）。正如大卫·温伯格（David Weinberger）常被引用的那句名言所说，如果透明度是新的客观性，那么安全就是新的真实性。

档案工作者和文件管理者对隐私、访问和安全领域的专业研究可能与信息技术部门对数据的关注有所重叠。然而，双方之间通常能够进行对话，却很少形成合作。虽然机构仍认为文件和数据的可信性是文件工作者的责

---

① ARMA International 曾被译为"美国文件管理者协会"。

任范围，但安全的重要地位往往使他们将信息技术置于文件档案管理之前。由于企业在系统实施上高度依赖信息技术，并且十分关注对业务有较大驱动力的信息数据分析，文件档案工作者的影响力往往被掩盖或削弱（Richards，2014）。

本研究对文件工作者展开调查，了解他们在实践中是如何确保和评估其所负责的文件、记录和数据的真实性。该调查不仅限于云中文件和数据的管理问题，事实上，大多数受访者主要工作在"第二平台"，即基于局域网/互联网和 C/S 架构的分布式平台（EMC Corporation，2013）。2013 年，数字世界中仅有不到 20% 的数据在云中存储或处理，但到 2020 年，预计这一数字将翻一番。了解了在当前企业服务架构中如何评估和保护数字文件和数据的真实性，就更容易理解文件工作者当前在云平台所面临的挑战。如果企业和政府所依靠的信息和数据日益来自第三方、移动设备和传感器，真实性将继续成为一个关键问题。

### 1. 真实性问题

大多数人直观地将真实性理解为真实的品质，但很少有人能够准确地确认需要什么来确保、评估和保证真实性。真实性，即文件保持其应有面貌的性质，历来被认为源自文件的形成环境（如可知的话）、保存方式和地点。例如文件中的签名表明作者同意了文件的内容，并对其中所记录的事务进行了认证。证人或加签人的签名进一步验证了文件的真实性。必要时，可以就文件质问签名者和加签人，而他们的证词也可以作为真实性的保证。这种真实性的确定是基于观察和证词的。

这种解释，虽然应用起来难度大，但理解起来十分简易，是档案学理论、文书学理论和法律理论的根本，并已被编写入文件档案管理标准。档案学中文件的真实性"是指文件本身的可信度，即文件保持其应有面貌的品质，并且未被篡改或破坏"（InterPARES Glossary）。《布莱克法律词典》（*Black's Law Dictionary*）将"authenticity"（此处的"真实性"，在英文中为"authenticity"）定义为："真正的；真的；具有原件的性质和权威；被恰当地赋予了一切必要的手续和合法的证明；胜任、可信和可靠的证据。"美国档案工作者协会将"authenticity"定义为："真正的、没有被伪造、篡改的品质，通常从内部和外部的证据，包括其物理特征、结构、内容和背景来推断。"该定义通过测试文件的物理和形式特征来验证文件的真实性，将文件的真实性与文件的生成者密切联系起来。文件的真实性并非一定意味着文件内容的可靠性（Duranti，1998；Pearce‐Moses，2005）。最后，我们看国际文件档案管理标准 ISO 15489 中真实性的概念。

> 一份具有真实性的文件应符合下列条件：
> ● 文件与其制文目的相符；
> ● 文件的形成和发送与其既定的形成者和发送者相吻合；
> ● 文件的形成或发送与其既定时间一致（International Organization for Standardization，国际标准化组织）。

在普通法体系中，书证必须经过认证才能被法庭采纳。防伪认证过程中建立的真实性，已通过法令和普通法编写入我们的法律体系。书证的认证通过证人证词、专家分析、非专家意见来确定，或者如果书证本身是公文或其他特殊类型的文件也可以，另外还能根据文件的形成和保存环境来确定文件的真实性。[①]

这些对真实性的判断在很大程度上基于文件的外观，这种启发式的判断方式已经形成了几个世纪，至今仍在采用，但往往被错误地应用于数字文件。2011 年，在与数字文件取证项目的律师、数字取证专家和文件管理者的访谈中，法律界的一位受访者回答了关于如何确定文件真实性的问题："通过对文件的观察就能判断。"（Rogers，2011）

真实性也与背景有关，其含义与不同的学科有关（Lauriault et al.，2007），最近有一些文献探讨了这一观点（MacNeil and Mak，2007；Duncan，2009；Mak，2012）。这些探讨在根本上都将真实性作为一种社会建构的产物，依赖于真实性得以定义和解释。如果我们认同数字资源随着时间的推移在其形成、使用、迁移、保存和访问过程中"处于不断变化的状态"，那么它们的真实性也是如此（MacNeil and Mak，2007）。在这两种情况下，问题的关键仍然是如何在给定的背景下定义和评估构成真实性的必要要素。

――――――――――――

① 联邦证据法，http://www.law.cornell.edu/rules/fre。

　　文件工作者对数字文件的性质及其属性进行了大量研究，可能有助于判断文件的真实性。然而，目前评估真实性的手段仍未有任何可量化的措施。而财务、政府、卫生、关键基础设施和社会网络等领域的测量越来越依赖于复杂且相互依存的（尽管不一定是互操作的）综合分布式网络系统，对可量化的评估有迫切的需求。

　　众所周知，数字技术为记录型材料带来了诸多好处，也提出了诸多挑战。数字技术使得记录更易于生成、搜索、访问和共享，但同时数字资源也存在易被篡改、完整性缺失难以或无法被察觉、所有权和作者身份难以确定以及知识产权难以执行等问题。云计算的出现更是加剧了以上问题，尤其是带来了第三方数字资源管理的问题以及在全球范围内生成、存储和传输数字资源所引发的管辖权问题，而这仅仅是众多问题中的两例而已。

　　文件是在实践活动过程中形成或接收的、具有保存或参考价值的记录，是档案研究的原材料（Duranti，1993；Eastwood，1994；Duranti and Michetti，2015）。在数字环境中，信息管理领域的研究者认为文件的真实性是文件必备的特性之一，必须在数字保存活动中确保文件的真实性（连同可持续性、可访问性和可理解性），不受时间和技术变革的影响，并将真实性的概念由档案学理论界定的狭义"文件"扩大到所有类型的记录、数据和数字对象。

　　档案学和文书学帮助档案工作者理解传统文件的真实性。具有真实性的文件可以确认其身份，并可通过不间断的保管链来证明其完整性。文书学认为，所有文件都可以通过普遍适用和去情境化的正式要素系统进行分析、理解和评估（Duranti，1998）。InterPARES 项目（电子系统中文件真实性永久保障国际合作研究项目的第一阶段和第二阶段）在数字文件研究中采用了文书学理论框架，并成功定义了保存链："一种贯穿整个文件生命周期的控制系统，当有任何操作影响文件存储的描述方式或利用的呈现形式时，也能确保文件的身份和完整性"（InterPARES Glossary）。保存链的概念扩展了隐含在保管链概念中的控制，以解决数字文件易受损、易丢失的特性。数字文件的真实性要求形成于电子文件真实性推定的基准要求、电子文件真实副本制作的基准要求（Duranti，2005b）以及文件生成和保存者指南（Creator and Preserver Guidelines）的基础之上（Duranti and Preston，2008）。

数字文书学非常适合分析档案学定义的数字文件的真实性，但是档案学中的"文件"是一个精确但范围狭窄的定义，当分析主题扩大到其他不满足"文件"定义的数字对象时，这种分析作用是有限的。档案工作者正在与数字取证专业人员开展合作研究，以发展和拓宽数字文书学在数字保存领域的适用性，并重点关注真实性、可靠性和准确性（MacNeil and Gilliland-Swetland，2005；Duranti & Endicott-Popovsky，2010）。

在传统环境中，如果一份文件被其生成者作为开展业务的依据，并且由其生成者或生成者的合法继承人维护在一个完整的保管链中，则可以推定这份文件具有真实性（Duranti，1997；Eastwood，1994）。作为档案保存的文件，是由文件联集成的文件聚合体的一部分，由于有其聚合体的生成和维护环境的证明，其真实性也可以得到认证，因此也被认为是可靠的、内容准确的。

但在数字环境中，不存在这种自动推定的真实性。传统的控制系统能确保文件的真实性，但数字技术打乱了保持真实性的传统系统和手段（MacNeil and Gilliland-Swetland，2005；Lauriault et al.，2007）。数字文件明显不同于纸质文件。在计算机中生成和存储的档案、文件和数据，即使在生成者的监护下也易变、易损，并易受到有意或无意的篡改、污染或破坏。它们的作者、来源或保管链可能难以确定或不可能确定，它们可以被轻易传输、共享和复制，它们的可访问性受硬件和软件更新的影响，还可能会受不兼容性的限制。即使生成者在业务过程中依赖于某份数字文件，并努力保证其保管链完整，数字文件的脆弱性和易损性仍需要生成者采取相关措施来保护文件的真实性。此外，可靠性和准确性不再与真实性直接相关，并可能一起或分别受损（Duranti and MacNeil，1997；Duranti，2005a；MacNeil and Gilliland-Swetland，2005；Duranti and Thibodeau，2006）。

本研究是数字文件及数据真实性概念和实践研究项目的一部分，于2014年3月3日至5月1日期间展开在线调查。调查旨在收集相关信息，了解文件、信息或系统专业人员如何确保、评估和/或保护数字文件的真实性；使用或依赖什么样的元数据；以及认为什么样的真实性指标重要；等等。该调查通过英语国家的主要档案和文件管理领域的邮件联络表进行发布。

本研究基于以下假设进行：尽管有关项目已经针对长期保存中的真实性进行了大规模的、有意义的研究，并且产生了一定的影响力，但这些项目的理论成果并没有在文件工作者的实践中得到一致应用。调查中探讨了这一假设的正确性。文件工作者在实践中是如何保持文件真实性的？这一广泛性的问题激发了本研究的开展，本研究对数字文件和数据真实性的概念进行了质询，对文件工作者如何解释、确保和评估真实性进行了调查。

该调查包括 17 个问题，旨在了解文件工作者对文件真实性的看法，调查其相关的工作实践。调查首先询问了受访者的个人情况，包括其工作/职位以及他们工作的部门、年龄、受教育程度和学科专业。后续问题主要关注受访者的职业责任、用来确保真实性的手段、为保证真实性通常应用或依赖的元数据，以及是否曾被要求在法律或行政诉讼中正式证明文件的真实性。如果受访者曾有过此类经历，那么他们认为哪些指标在这些法律或行政诉讼证明中是最重要的，他们所在的机构是否在其政策工具中对真实性进行了明确界定。这项调查旨在探索实践与研究假设之间的关系，即文件工作者在工作中依赖什么样的文件，文件的性质是否与档案学的角度认定的真实性指标相符。该调查还对真实性的任务和指标进行了"社会"类和"技术"类的区分。

> 社会任务是将文件或数字对象作为概念进行的任务，而真实性的社会指标是由机构开发的支持文件生成、管理或保存的工具（例如，分类方案、保管和处置以及政策和程序文件）。这些工具是基于领域知识的，并按照特定人（文件档案工作者、管理层、法律顾问等）的意图制造和实施的。并非所有的机构都有这些工具；如果机构有这样的工具，那么对工具的应用可能是自愿的，也可能是强制性的；但即使是强制性的，也可能在实践中被机构规避或调整。这些工具包括档案和文件管理实践中的基础工具，如政策工具、分类方案或归档方案、保管和处置期限表以及档案著录或其他著录方式（可以捕获的各种描述性元数据）。

技术任务将文件视为逻辑对象，涉及保存/管理、监控/安全维护、文件系统设计等方面。技术指标并非任意创建的，它们是文件工作过程或状态变化的结果（如系统元数据捕获日期的形成和修改），由整个文件系统（如校验和审计日志）的技术组件（如计算机、网络）按照算法生成或实施，用来管理和控制系统的访问和安全；或由第三方制定，用做技术系统的规范（例如关于软件的记录）。技术指标可以用于控制文件，但更侧重于控制存有文件的系统。技术指标包括审计日志、访问控制和安全措施、加密验证技术、系统元数据和技术文档（IT 用语，即 technical documentation）。研究通过一系列有序的、李克特式（Likertstyle）的问题对两类指标进行了探讨。此外还设有开放式问题，要求受访者自行界定真实性，并提供他们认为最重要的指标。

## 2. 初步调查结果

调查共收到 441 份回复。其中，148 份没有回答除个人信息之外的任何问题，因此被舍弃。剩余的 293 份回复中，参与者主要以档案工作者（45%）和文件或信息管理者（33%）为主，另外 22% 的受访者所属行业较为分散，包括信息专业人员（图书馆员和行政人员，占 10%）、教育工作者（6%）和其他人员（6%）。来自信息和文化产业（包括图书馆、档案馆、广播和电信部门）以及政府部门的受访者最多（见图 1）。本研究所采用的行业部门分类标准来自《北美行业分类系统体系·2012》（Statistics Canada，Standards Division，2012）。

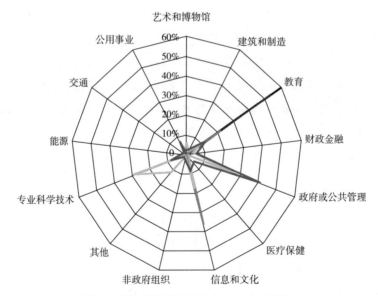

图 1　受访者职业和行业分布（n = 293）

这项调查在全球领域内展开，但收到的回复也局限在特定地区，其中大多数受访者来自北美洲（55%），其次是欧洲（15%）和英国（12%）（见图 2）。

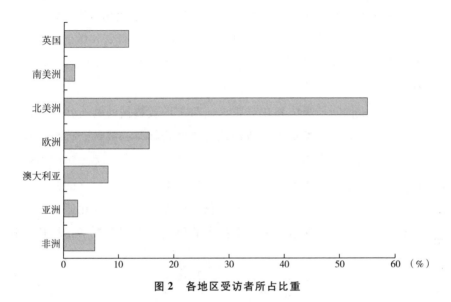

图 2　各地区受访者所占比重

受访者需要回答一系列问题，以使调查方明确他们的工作职责，了解他们如何保证文件的真实性以及是否曾被要求证明文件的真实性。问题列表见本文附录 A。

77%的受访者表示他们经常或十分频繁地进行文件或信息管理，67%的受访者经常进行信息检索，56%的受访者经常管理或设计元数据，51%的受访者经常设计信息或文件政策。安全或访问权限监控以及文件档案管理系统设计是最不常见的活动；35%的受访者表示从未或不经常进行安全或访问权限的监控；37%的受访者表示从未或很少设计文件档案管理系统。

调查还要求受访者根据其使用频率评估真实性的社会或技术指标，超过 50%的受访者表示他们"大部分时间"或"一直"依赖于传统（社会性的）档案和文件管理工具，特别是文件档案管理政策（55%）和文件档案系统管理政策（60%）、文件系统说明（51%）、分类方案（61%）以及保管和处置期限表（51%）。53%的受访者使用了访问控制和安全措施，54%的受访者"大部分时间"或"一直"都在使用标准化元数据。但是，51%

的受访者从来没有或很少依赖于工作过程中的审计日志，61%的人从来没有或很少使用加密验证技术。

在采用的各种加密技术中，数字签名是最不常用的。只有11%的受访者使用数字签名技术来确保真实性，61%的受访者从未使用过这种技术。只有5%的受访者曾被要求在法庭诉讼中证明文件的真实性，10%的受访者曾参与电子发现或法律冻结。70%的受访者从未被要求为任何目的（包括查阅或利用）证明他们所管理的文件的真实性。

调查进一步询问了受访者在被要求证明文件或数据的真实性时曾使用哪些指标，或如果遇上类似情况他们认为哪些指标是必要的。曾被要求证明真实性的受访者最常使用的指标是数字文件相关政策、关于访问控制的信息以及有关数字资源更改的信息。没有被要求证明过真实性的被访者则表示相信所有指标的价值。然而，调查仍在保存活动、标准化元数据的使用、信息变更记录、软件信息和加密技术的使用等方面发现了指标选择的较大差别（见图3）。

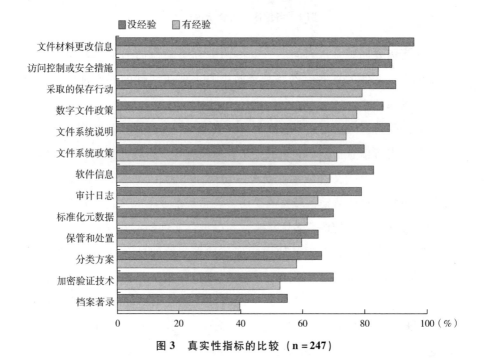

图 3　真实性指标的比较（n = 247）

调查要求受访者评估真实性指标的重要性（如果需要在法律或行政诉讼中提供真实性证明的情况下），68％的受访者表示标准化的元数据非常或极其重要；66％的受访者表示加密验证技术非常或极其重要；76％的受访者表示审计日志非常或极其重要；88％的受访者认为访问控制或安全措施非常或极其重要。因此，尽管目前的实践还比较落后，验证真实性的技术手段是被认为与传统手段一样重要的。关于机构文件和信息政策，54％的受访者表示他们的机构没有定义数字资源的真实性；17％的人不知道他们的机构政策是否包含这样的定义。

调查最后的两个开放性问题，即你对数字文件真实性的定义是什么？你认为哪些指标对证明数字文件的真实性至关重要？需要受访者进行叙述性的回答。对受访者答复的初步分析表明实践中通常根据传统的社会启发方式对真实性进行评估。针对第一个问题，几位答复者指出，日常普通业务过程中产生的文件应该可以推定为真实的，以响应普通法中管理商业文件的法规和先例。大多数受访者认为完整性是建立真实性的手段，部分受访者表示，在文件被"固定"之后，就是说在文件被选择作为该文件所代表的行动的证据或因其长期参考的价值被保存到档案馆后，就必须坚持真实性。总体来说，这些答复呈现了保证真实性的务实性的方法，例如，一位受访者回答：

> "文件"对于其用途来说是不是充分的？它能满足法官或裁定者的要求吗？无论我对该文件持何种说法，我可以用事实来支撑我的主张吗？真实的文件的基本定义应该是"该文件是否可以在需要真实文件的情况下被用做真实文件"，虽然这是一个选择疑问句，但实际上这并不是简单的"是"或"否"能回答的，而是一个范围的问题。我希望文件的真实性符合将来的使用要求。他们不必是最真实的，只要足够真实就好。

最后一个问题探讨了受访者对真实性的基本指标的看法。答案多关注保管链、文件生成和管理控制、关于文件访问和确保来源信息方面的政策、文件生成者和生成背景的元数据的添加或捕获。部分受访者指出了加密验证技术的重要性，部分受访者专门说明了安全和访问控制的至关重要性，其中一位受访者特别指出了这些控制措施在基于公共云的电子邮件和文件共享使用中的重要性。

对调查数据的初步分析为文件真实性的进一步研究指明了方向，例如，探索文件真实性的社会与技术指标的重要性以及在司法或行政听证会上受到质疑时如何使用这些指标等。下一步计划对调查回复，尤其是对开放式问题的回复进行编码和分析，并对愿意提供更多信息的受访者展开半结构化访谈。本研究还将在不同环境下，特别是文件和数据得以生成、维护或保存的云计算背景下，对数字文件和数据真实性指标的适用性和权威性进行评估。随着越来越多的机构转向云服务提供商寻求业务支持，法院将持续面临越来越多的数字证据的挑战，有关数字文件真实性的研究将越来越重要。

## 3. 局限性

基于网络的调查能快速接触到大范围人群，但也有其局限性，其中最主要的是无法保证受访者的典型性。即使使用行业邮件联络表（在这种情况下能够保证受访者有大致相同的目标、训练和责任），受访者也会对调查问题进行选择性回答。本调查中的所有受访者都是本研究的目标人群，但并非所有的目标人群在行业邮件联络表上，也无法保证所有的受访人群都能接触到这些邮件联络表。因此，调查结果的普遍性是局限的，其有效性也不能得以客观地衡量。但是，作为一般实践情况的反映，这样的调查是能够提供有用信息的。

## 4. 结论

初步结果显示：受访者仍倾向于依赖传统的启发式的判断方式来确保文件的真实性，即使当被要求证明文件的真实性的时候，他们声称更信任技术手段。文件和信息专家即文件档案工作者是传统意义上保证文件档案安全、真实和可靠的值得信任的专业人员。随着复杂技术越来越多地影响到文件档案本身及其用户，文件档案工作者有必要信任信息技术工作者。可以说，原本被信任的文件档案工作者正在变成可信技术的用户——受托人变成了委托人。但是，每个学科都有其独特的知识，并且可以互补。文件档案工作者知道以文件和数据形式存在的信息哪些有价值且必须保存，而信息技术专业人员知道如何保护这些信息的安全。如果我们的文献遗产是民主和问责的根源，那么两种职业在真实性维护上的贡献都是有价值的。

## 参考文献

ARMA International. 2014. "ARMA Generally Accepted Recordkeeping Principles." http：//www. arma. org/r2/generally – accepted – br – recordkeeping – principles.

Association of Canadian Archivists. 1999. "Code of Ethics：The Association of Canadian Archivists." http：//archivists. ca/content/code – ethics.

*Black's Law Dictionary.* n. . d. 2nd ed. . http：//thelawdictionary. org/.

Duncan, C. . 2009. "Authenticity or Bust." *Archivaria*, 68：97 – 118.

Duranti, L. 1993. "The Archival Body of Knowledge：Archival Theory, Method, and practice and Graduate and Continuing Education." *Journal of Education for Library and Information Science*, 34（1）：8 – 24. http：//dx. doi. org/10. 2307/40323707.

——. 1997. "The Archival Bond." *Archives and Museum Informatics*, 11（3/4）：213 – 18. http：//dx. doi. org/10. 1023/A：1009025127463.

——. 1998. *Diplomatics：New Uses for an Old Science.* Lanham, MD：Scarecrow Press.

——. 2005a. "The Long – Term Preservation of Accurate and Authentic Digital Data：The InterPARES Project." Data *Science Journal*, 4：106 – 118. http：//dx. doi. org/10. 2481/dsj. 4. 106.

——. 2005b. *The Long – Term Preservation of Authentic Electronic Records：Findings of the InterPARES Project.* San Miniato：Archilab.

Duranti, L. , and B. Endicott – Popovsky. 2010. "Digital Records Forensics：A New Science and Academic Program for Forensic Readiness." *Journal of Digital Forensics, Security and Law*, 5（2）：1 – 12.

Duranti, L. , and G. Michetti. 2015. "The Archival Method：Rediscovering a Research Tradition." In *Research in the Archival Multiverse*, ed. Anne Gilliland, Sue McKemmish, and Andrew Lau. Melbourne, Australia：Monash Publishing.

Duranti, L. , and H. MacNeil. 1997. "The Preservation of the Integrity of ElectronicRecords：An Overview of the UBC – MAS Research Project." *Archivaria*, 42（1）：46 – 67.

Duranti, L. , and K. Thibodeau. 2006. "The Concept of Record in Interactive, Experiential and Dynamic Environments: The View of InterPARES. " *Archival Science*, 6 (1): 13 – 68. http://dx. doi. org/10. 1007/s10502 – 006 – 9021 – 7.

Duranti, L. , and R. Preston. 2008. "Research on Permanent Authentic Records in Electronic Systems (InterPARES) 2: Experiential. Interactive and Dynamic Records. " Padova: Associazione Nazionale Archivistica Italiana.

Eastwood, T. . 1994. "What Is Archival Theory and Why Is It Important?" *Archivaria*, 37 (1): 122 – 30.

EMC Corporation. 2013. *Leaders Edge: Highlights from CIO Summit 2013* . Atlanta, GA: EMC Corporation. http://www. emc. com/microsites/cio/articles/cio – summit – 2013/cio – summit – 2013 – atlanta. pdf.

Endicott – Popovsky, B. , D. A. Frincke, and C. Taylor. 2007. "A Theoretical Framework for Organizational Network Forensic Readiness. " *Journal of Computers*, 2 (3): 1 – 11. http://dx. doi. org/10. 4304/jcp. 2. 3. 1 – 11.

——. 2009. "From Digital Diplomatics to Digital Records Forensics. " *Archivaria*, 68 (2): 39 – 66.

International Organization for Standardization. 2001. ISO – 15489 (2001) Information and Documentation – Records Management, No. ISO – 15489 (2001) . http://www. iso. org/iso/catalogue_detail? csnumber = 31908.

InterPARES Glossary. n. d. . InterPARES 2 Project: Terminology Database. http://interpares. org/ip2/ip2_terminology_db. cfm.

John, J. L. 2012. "Digital Forensics and Preservation: Digital Preservation Coalition. " http://www. dpconline. org/component/docman/doc_download/810 – dpctw12 – 03pdf.

Kirschenbaum, M. G. , R. Ovenden, and G. Redwine. 2010. *Digital Forensics in Born Digital Cultural Heritage Collections*. Washington, DC: Council on Library and Information Resources.

Lauriault, T. P. , B. L. Craig, D. R. F. Taylor, and P. L. Pulsifer. 2007. "Today's Data Are Part of Tomorrow's Research: Archival Issues in the Sciences. " *Archivaria*, 64 (2): 123 – 180.

MacNeil, H. , and A. Gilliland – Swetland. 2005. "Authenticity Task Force Report. " In *The Long – Term Preservation of Authentic Electronic Records*, ed. L. Duranti, 19 – 65. San Miniato, Italy: Archilab.

MacNeil, H. , and B. Mak. 2007. "Constructions of Authenticity. " *Library Trends*, 56

(1): 26 - 52. http: //dx. doi. org/10. 1353/lib. 2007. 0054.

Mak, B. . 2012. "On the Uses of Authenticity. " *Archivaria*, 73: 1 - 17.

Pearce - Moses, R. . 2005. "A Glossary of Archival and Records Terminology. " http: // www. archivists. org/glossary/.

Richards, L. . 2014. Conversation with the Author. Washington, DC, 13 August.

Rogers, Corinne. 2011. "Trust Me! I'm a Digital Record: Findings from the Digital Records Forensics Project. " Presented at the Archives 360, Society of American Archivists, Chicago, IL, 27 August.

Society of American Archivists. 2011. SAA Core Values Statement and Code of Ethics. http: //www2. archivists. org/statements/saa - core - values - statement - and - code - ofethics.

Statistics Canada, Standards Division. 2012. *North American Industry Classification System* (*NAICS*) *Canada.* Ottawa, ON: Statistics Canada. http: //www. census. gov/eos/www/naics/.

——. 1997. "The Archival Bond. " *Archives and Museum Informatics*, 11 (3/4): 213 - 218. http: //dx. doi. org/10. 1023/A: 1009025127463.

Turner, V. , J. Gantz, D. Reinsel, and S. Minton. 2014. "The Digital Universe of Opportunities: Rich Data and the Increasing Value of the Internet of Things, White Paperno. " IDC 1672. Toronto: IDC Corporation. http: //idcdocserv. com/1678.

附录 A

# 调查问卷

1. 下列跟数字文件［如电子文件、电子图像、电子数据、电子数据集、数据库文件、电子存储的信息（ESI）、网页等］有关的工作多久做一次？如果你是个体经营户或者已经退休，参考你认为最相关的工作或合同。（从不、很少、偶尔、经常、非常频繁）进行检索和存取：

- 监控或加强安全/利用特权；
- 监控或加强个人信息隐私权；
- 监控或实施与档案保管法规政策的一致性；
- 进行保存或保管；
- 设计文件存储和管理系统；
- 制定信息、文件政策；
- 管理文件或信息；
- 管理/设计元数据；
- 其他。

2. 当你生成或管理数字文件的时候，你多久依靠或采用下列措施保证它们的真实性？（从不、很少、偶尔、大部分情况、一直）

- 针对文件系统管理的书面政策和程序；
- 文件系统的技术文档（设计、操作、管理等）；
- 针对数字文件的书面政策和程序；
- 用于生成和管理数字文件的软件信息；
- 随着时间的推移对数字文件所做的改变信息（如迁移、标准化等）；
- 保存数字文件所采取措施的信息；
- 分类方案或归档方案；
- 保管和处置期限表；
- 档案著录；
- 访问控制/安全措施；
- 审计日志加密校验技术（如数字签名、哈希摘要等）；

- 标准化的元数据。

3. 你使用下列加密校验技术的频率？

- 数字签名；
- 可信时间戳；
- 校验码；
- 哈希摘要；
- 安全传输。

4. 你日常使用或管理什么元数据？请勾选出所有使用的元数据。

- 一个元数据方案或指南（如都柏林核心元数据、保存元数据实施战略 PREMIS、欧盟《电子文件管理通用要求》① MoReq 等），请列出：＿＿＿＿＿＿；
- 为你的机构定制的上述元数据方案的修改版，请描述：＿＿＿＿＿＿；
- 完全定制的元数据方案（元素设计不依赖于任何现存的元数据方案），请描述：＿＿＿＿＿＿；
- 仅使用由单位的办公软件或文件系统产生的元数据；
- 不确定。

5. 你曾被要求在下列任何情况下保证或检测电子文件的真实性吗？

- 在法庭上或行政听证中提供证明；
- 未决诉讼或行政行为（电子发现程序）；
- 为研究目的或答复查阅需求而提供数字文件副本的真实性；
- 其他＿＿＿＿＿＿；
- 我从未被要求保证或检测电子文件的真实性。

6. 当你被要求保证或检测电子文件的真实性时，下列各项在你评估过程中的重要程度如何？（完全不重要、非常不重要、比较重要、非常重要、极端重要）

- 针对文件档案管理系统的书面政策或程序；
- 文件系统的记录（设计、操作、管理等）；
- 针对数字文件的书面政策和程序；
- 用于生成和管理数字文件的软件信息；

---

① "MoReq" 的既有译法，本译集不做修改，但其中的 "records" 应理解为 "文件档案"。

- 随着时间的推移对数字文件所做的改变信息（如迁移、标准化等）；
- 保存数字文件所采取措施的信息；
- 分类方案或归档方案；
- 文件保管和处置期限表；
- 档案著录；
- 利用控制/安全措施；
- 审计日志；
- 加密校验技术（如数字签名、哈希摘要等）；
- 标准化的元数据。

7. 如果你需要评估电子文件的真实性时，下列各项在你评估过程中的重要程度如何？（完全不重要、非常不重要、比较重要、非常重要、极端重要）

- 针对文件档案管理系统的书面政策或程序；
- 文件系统的说明文件（设计、操作、管理等）；
- 针对数字文件的书面政策和程序；
- 用于生成和管理数字文件的软件信息；
- 随着时间的推移对数字文件所做的变更信息（如迁移、标准化等）；
- 保存数字文件所采取措施的信息；
- 分类方案或归档方案；
- 保管和处置期限表；
- 档案著录；
- 访问控制/安全措施；
- 审计日志；
- 加密校验技术（如数字签名、哈希摘要等）；
- 标准化的元数据。

8. 假如其他条件都是相同的，仅基于对存储条件的考虑，下列存储情况下你对文件的真实性有多少信心？（没有信心、有点信心、比较有信心、相当有信心、完全有信心）

- 由文件生成机构存储在移动介质（如 USB key、移动硬盘、光介质、磁介质）上的数字文件；
- 由文件生成机构存储在独立的计算机上的数字文件；

- 由文件生成机构存储在映射网络驱动或文件系统中的数字文件；
- 由第三方云服务提供商维护的云存储中的数字文件；
- 存储在档案馆的数字文件；
- 在文件生成机关本地或异地保存的传统文件（如纸质文件、缩微胶片）；
- 存储在第三方（不是档案馆）的传统文件；
- 存储在档案馆的传统文件。

9. 你们机构的文件政策定义了数字文件的真实性吗？

- 是；
- 否；
- 不清楚。

10. 你对数字文件的真实性的定义是什么？

11. 你认为哪些指标对证明数字文件的真实性是必要的？

# 网际空间的信任问题及其背景关系

杰弗瑞·杨<sup>*</sup>

王　健<sup>**</sup>

## 引　言

本文首先探讨了日常生活中有关信任问题的方方面面，以及与信息资源和信息技术的相互关系，指出要认识到背景关系与来源在文件和档案的信任建立过程中所扮演的角色。文章回顾了近年来计算机科学家在透明度、信任、来源与背景关系等方面日益增长的兴趣点，同时还从多方面探讨了计算机科学领域对信任与来源的研究，这些对档案工作者应对数字保管时代采集与维护文件背景信息的挑战很有助益。

## 1. 信任

哲学家约翰·洛克（John Locke）1663 年将信任定义为"社会的纽带"，[①] 我们倾向于这一提法。在日常生活中我们一直在信任他人。比如，坐上出租汽车，我们相信司机会将乘客送达指定地点，相信司机知悉如何安全驾驶，相信其他司机也同样会谨慎驾驶，出租汽车司机及乘客不致遭遇事故。如果警察示意司机必须停车或改道行驶，我们相信警察一定有这样做的充分理由。如果我们不能施以信任，社会就不能运转，生活便无法继续。

---

＊　杰弗瑞·杨（Geoffrey Yeo），英国人，伦敦大学信息研究学院研究员，《档案与文件》编委会成员。著有《文件管理手册：原则与实践》一书。主要研究兴趣为文件概念、文件生成及管理、数字环境中的文件背景与描述。

＊＊ 译者：王健，任职于中国人民大学信息资源管理学院。

① Locke, *Essays on the Law of Nature*, p. 213.

对于无生命体，我们同样施以信任，或至少有所依赖。我们信任出租汽车，相信安全带、轮胎和照明灯统统都能如愿正常工作。事实上，我们信任其有效性的人工制品种类繁多，从闹钟到温度计，从桥梁到导弹预警系统。对自然界也是一样，我们相信食用的水果不会导致疾病，攀爬的树木能够承受体重，道路上方的石头不会砸向我们。尽管我们知道总会有闹钟没响、出租汽车刹车失灵、石头砸中头部的可能性，但可能性微乎其微，实际上这些常识不会阻止我们入睡或制定行程。我们也知道钞票可能有假的，但并未阻止承兑钞票。一般而言，我们甚至不去考虑所信任的事物出错的可能性；不假思索地乘坐出租汽车、使用闹钟或 10 欧元钞票。可以认为，在以上情形中，信任关乎风险评估：如果风险很小，我们自会对相关事物或产品施以信任。① 通常我们不会有意评估风险，而是一如既往按部就班地生活。

文件是我们信任的另外一种无生命体。文件是对过去活动的再现，从中获取往事的证据或强化记忆。论及信任问题，我们通常看待文件如同对待出租汽车、闹钟或 10 欧元钞票。一旦需要，便使用文件。尽管意识到文件有时也可能是伪造的或并不可信的，但在实际操作中，不会总是为确认正在使用的文件是否可信而费心劳神。当然，有时我们也会再次确认特定文件的可信性以求心安。在下文中，我会对再次确认的方法予以评述。

此外，我们信任（或曾经信任）各类机构和政府。② 大学、教会、议会和法院，所有机构在某种程度上均有赖于公众的信任以维系其合法性和有效性。但有证据表明信任度正在下降。研究人员发现，最近几十年来，西方许多国家（包括瑞典、英国、美国）对政府机构的信任度正在大幅下降。③

最近一次金融危机爆发以来，记者指出，银行业已经丧失了客户以往的多方信任。④ 20 世纪 90 年代，政治学家弗朗西斯·福山（Francis Fukuya-

---

① Cvetkovich and Lofstedt, *Social Trust and the Management of Risk*, See also Riegelsberger, Sasse and McCarthy, "Mechanics of Trust," p. 385.

② 关于"机构信任"有大量的文献，并阐释"机构信任"与其他形式的信任有何不用。See, for example, Lahno, "Institutional Trust."

③ Lofstedt and Horlick - Jones, "Environmental Regulation in the UK," pp. 74 - 76, 81 and Viklund, "Risk Policy," pp. 14, 23 - 24. See also European Commission Directorate - General for Communication, "Eurobarometer, 76", p. 19.

④ See, for example, Martin Vander Weyer, "Never Mind the Banks," *The Spectator*, July 14, 2012.

ma）在其著作中指出：建立在道德规范和相互道德义务之上的信任决定了在现代社会中，经济理性被视为社会组织单一或主要的决定因素。① 其他作者还将信任度的下降与市场化及其引发的贫富日益悬殊联系在一起，调查表明，社会贫富差别小的国家似乎信任度最高。② 毫无疑问，金融危机引发了对信任问题的争论。许多评论员建议加强监管、重建对银行业的信任；但也有人对此表示质疑，指出更多借助规范和严格监管正是社会缺乏信任、猜疑文化的特征。从这一点出发，通过引进规则和审计的方法来促进信任只会损害信任本身。③ 当然，审计的目标不仅仅是银行家。的确，在金融危机爆发之前，许多新自由派的决策者一直为银行及银行家应在多大程度上免于监管而争论不休。过去，较易监控且适合监控的对象为专业人士，比如教师、医生、社会工作者和学者。或许这并非偶然，对上述专家学者加强管控的趋势在很大程度上与后现代对专业技能的不容以及强调观点多元化和民主化认知的增长相一致。正如银行家所说，像债券一样值得信任的日子已经一去不复返。同样，专业人士的话总是具有权威性和客观性、值得信任的日子，也一去不复返了。

## 2. 网际空间

另一信任风险危机四伏的领域便是网际空间。"网际空间"令人费解的词汇，许多人闻之便一声叹息。作者只将其作为计算机技术领域的一个信手拈来的简写词，专门用于互联网领域。在计算机世界，信任似乎被削弱，因为交流已经去身份化，所有行为人的真实身份都隐藏在网站或其他数字代理服务器的背后。④ 正如信息学家克里福德·里奇（Clifford Lynch）观察所得：许多人认为在一个处处充满欺诈的环境中……有必要……为其所指提供证据……而在实体世界中，通常通过外观价值或表面特征予以取证。⑤

---

① Fukuyama, *Trust: The Social Virtus and the Creation of Prosperity*, pp. 7 – 17.

② Hosking, *Trust, Money, Markets and Society*, pp. 60 – 62.

③ Paul Vallely, "How to Change the Bollinger Mindset," *The Independent on Sunday*, July 1, 2012; Michael Buerk, "Moral Maze," BBC Radio 4, July 4, 2012. Power, *The Audit Society*, pp. 120 – 121.

④ Cofta, *Trust, Complexity and Control*, pp. 122 – 123.

⑤ Lynch, Clifford, "Authenticity and Integrity in the Digital Environment: An Exploratory Analysis of the Central Role of Trust," p. 33.

我们万不可夸大其词，数字领域的欺诈并非新鲜事。打着接收隐秘财产或继承遗产的幌子试图骗钱的电子欺诈邮件人尽皆知；类似的虚假请求在 19 世纪的纸质书信中虽然很普遍却鲜有人知，发信者声称某位先生在国外误入监狱急需赎金获取自由，一旦获释他会给予丰厚奖励或披露藏宝地点作为回报。[①] 不可信的通信并非新生事物。欺骗本身并不新鲜，"新意"在于互联网技术使得欺诈者易于操作，以极少的花费广泛撒网，布设骗局。

通常认为，网际空间的诚信问题大多与社交媒体或电子商务有关，聊天网友或网络卖家在多大程度上可以信任？但与此同时还应关注软件应用程序，我们能否确信软件不会产生恶意行为？要关注在数字环境中散布的数据和信息。产生后一种质疑的原因在于，一是用于评估非数字信息时代广泛使用的许多特征指标在网际空间十分匮乏。二是欺诈范围扩大。三是发布一些未经证实、错误或荒谬的信息简直易如反掌。[②] 再次引用里奇的说法，与纸质世界的信息相比，我们经常"有种感觉，数字信息在真实性与完整性上需要有更高等级的标准"。[③] 互联网创始人蒂姆·伯纳斯·李（Tim Berners - Lee）认为：理想的网页浏览器上应设置"哦耶？"按钮，点击此按钮时，应得到为何该网页或相关服务值得信任的全部理由。[④]

当然，随着对一条条信息能否明确辨析真假、是否值得信任的质疑日益增加，争论也在升级。2002 年，加拿大统计局（加拿大政府统计机构）宣称："作为一个独立、客观、值得信任的信息源，提供信息的质量对自身的信誉来说至关重要。"如今，此说法仍可在加拿大统计局的网站中找到。[⑤]说到底，对诸如此类观点的讨论，或许会迫使我们在本体论与认识论的争执中选择自己的立场；然而似乎可以确定的是，不能再继续忽视许多批评者坚持的观点：客观性不足采信，其原因在于既不能一味归结于信息的提

---

① Nhan, Kinkade and Burns, "Finding a Pot of Gold" at the End of an Internet Rainbow; Anon., "An Old Swindle Revived," *The New York Times*, March 20, 1898; Morrish, "Fraud in Various Forms," p. 594.

② See Denning et al., "Wikipedia Risks," p. 152; Dalby, *The World and Wikipedia*, pp. 72 – 81.

③ Lynch, Cifford, "Authenticity and Integrity Authenticity and Integrity in the Digital Environment," p. 33. Kelton, Fleischmann and Wallace, "Trust in Digital Information," p. 363.

④ Berners - Lee, "Cleaning Up the User Interface,"

⑤ Statistics Canada, "Statistics Canada's Quality Assurance, Framework,"

供者，也不能归结于信息本身。著名的信息技术发展评论员戴维·温伯格（David Weinberger）指出，如果你不相信客观性是可能存在的，那么你一定相信自我标榜的客观性实际上只是在掩盖必然存在的偏差。①

论及网际空间的文件、档案，也面对同样或极其相似的问题。如今，我们许多人以及很多雇主，均在网络环境中生成、存储和访问文件，经常使用由供应商构建的云计算架构。供应商的关注点不可能与我们高度吻合。我们通常欣然接受此类环境带来的便利，但面对数字环境中的文件（或号称"文件"）时，却难以确定应在多大程度上施以信任。②

我们也不能确定传统的确认可信度的方法在多大程度上可以应用于新的领域。在西方社会，纸张和羊皮纸作为生成和传递文件的载体历史久远，由此发明了许多识别此类载体文件的可信性或增强文件可信度的方法。③ 其中很多方法可以应用于数字文件，其余的方法在数字领域也近乎可用。例如，大多数印章和签署的功能均可借助加密技术予以复制。尽管如此，我们发觉数字签名既未实现书面签署的全部功能，也未达到像书面签署那般在世界范围内广为接受的程度。④ 采用古文书鉴别或司法取证对文件的可信度进行评估的方式也大抵相同；在纸质和数字两种环境中，大多数人都可以对接收的信件或电子邮件看上去是否可疑做出某种程度的判别。而对于非专业人士来说，运用先进的古文书鉴辩和司法取证技术可望而不可即。

过去，档案文件的可信度借助于档案人员及档案保管机构得以强化。

---

① Weinberger, "Transparency Is the New Objectivity."

② For an account (from a broadly legal perspective) of issues relating to trust and record – keeping in the "cloud", see Duranti and Rogers, "Trust in Digital Records," Wider issues of trust in records and archives formed the theme of a FARMER, Forum for Archives and Records Management Education and Research, conference at Oxford in July 2010; selected papers from this conference were published in a special issue of Archival Science (11, No. 3 – 4) in 2011.

③ See MacNeil, "Trusting Records."

④ For an examination of the limited acceptance of digital signature technology, see Blanchette, Burdens of Proof. According to Blanchette, cryptographers "have tended to assume that the properties of cryptographic objects will translate transparently into complex social and institutional settings," p. 127, but have glossed over "the enormous challenges inherent in turning cryptographic constructs into. . . technologies able to perform in the context of users' everyday lives," p. 84, with the result that "the business case for. . . encryption and digital signatures failed to carry the marketplace," p. 5.

档案机构凭借提升可信度的方式保存文件，缺乏专业知识的人员需要请专业人士对文件进行必要的认证。[①] 档案人员与档案机构作为中立、客观的第三方而赢得信任，其职责是保护文件而非篡改文件。[②] 可是现在除了专业人士和专门机构的信任度在下降之外，还要面对非中介化的问题——在线用户无法像传统用户那样与档案人员相互交流或实际感受实体机构。由此可见，专家学者所持客观性一说已日益受到挑战，有人断定，即使有资质的专业人员提供了貌似客观的答案，我们也不可能停止质疑。

现在需要采用新的方法应对上述问题，或者说需要将旧方法重新加以改造，以适应数字时代的要求。为了找寻答案，我想重申戴维·温伯格的观点。2009 年温伯格在博客上指出"透明度是新的客观标准"。具体来说，他对客观性在"认知生态学"中所扮演的角色的变化提出了自己的看法，过去提出的客观性难以实现，而今透明度取而代之。他指出，透明度使得我们可以洞悉某一资源是如何形成的。透明度之所以可用于相互链接的媒介（比如互联网），是因为链接让我们看到某一资源与其赋予的信息和价值之间的相互关联；反过来，这些关联又奠定了信任的依据；使我们有信心对网络资源同样可以运用纸质材料采用的方式来确立其客观性。温伯格认为"为什么过去我们相信，那是因为我们认为作者是客观真实的，如今相信是因为我们可以理解……背景资料也可以具有同样的功效"。[③]

那么究竟怎样才能有助于增强互联网世界文件的透明度呢？面对一份文件，用户如何知道文件是怎样构成的、又是如何形成的呢？为了有助于进一步回答这些问题，我将着重讨论已有悠久历史的档案学一系列若干概念，并探讨广为档案学家熟知的学说如何支持网际空间的透明度，以使其得以采信。我还将探讨近年来计算机科学领域的做法如何有助于档案工作者应对数字文件保管领域面临的挑战。

---

① MacNeil, "Trusting Description," pp. 90 - 91; MacNeil, "Trust and Professional Identity," pp. 180 - 181.

② Gilliland, "Neutrality, Social Justice and the Obligations of Archival Education and Educators in the Twenty - first Century." pp. 196 - 197. Borland, "Trust and the Records Professional," pp. 2, 6; Millar, *Archives*, p. 46.

③ Weinberger, "Transparency is the New Objectivity," 2009.

### 3. 来源与背景关系

首先要探讨的是与"来源"相关的概念。总体而言，来源原则要求文件和档案以一种可将其来源及其生成环境的信息予以固化保存的方式进行管理。尽管档案学家对如何实现的手段各有解读，但该理论的有效性几乎得到普遍认同。有学者将其描述为"现代档案学赖以生存的基础"。[①] 论及管理实践中对来源信息的需求，档案文献倾向于强调来源信息有助于对档案自身的理解，理由是如果对档案的来源信息缺乏起码的了解，其内容也无从理解。有些学者则反对希拉里·詹金森（Hilary Jenkinson）将来源原则称为档案的"道德防线"或档案真实性、完整性安全保障的基础。[②]

虽然"来源"一词的使用与文件和档案建立关联可以追溯到 19 世纪，但直到最近才引进另一个术语——"背景关系"，与"来源"一词的关系也日益紧密；就像图书馆及其他相关研究领域一样，如今"背景关系"一词在档案论文中也广为使用。两个术语的确切关系尚在争论之中。有些档案学家倾向于将"来源"与"背景关系"视为同义词，也有学者主张两个术语相互关联又有所区别。有人赞成将"来源"概念延伸至文件的形成之际之外，以涵盖文件保管和利用的社会体系与历史沿革，[③] 而另一些人则坚持"来源"一词系较为限定的术语，"背景关系"才是内涵更为丰富又微妙的概念，涉及文件外围、文件自身包含的所有广泛现象。[④] 然而，抛开这些分歧，争论各方均认同"来源"与"背景关系"是档案学最核心的概念。

近来迈克尔·罗珀（Michael Roper）和玛格丽特·普罗克特（Margaret Procter）指出：20 世纪初期，伦敦公共档案馆的研究揭示了如何根据来源

---

① Dollar, *"Archival Theory and Information Technologies,"* p. 48.

② Cook, *The Management of information from Archives*, p. 102; McKemmish, "Introducing Archives and Archival Programs," p. 12; MacNeil, "Picking Our Text," pp. 271 – 272. Jenkinson, *A Manual of Archive Administration*, p. 83.

③ See, for example, Bastian, *Owning Memory*, pp. 81 – 83; Millar, "The Death of the Fonds and the Resurrection of Provenance," pp. 12 – 14; Nesmith, "Seeing Archives," pp. 35 – 36.

④ See, for example, Horsman, "Wrapping Records in Narratives," p. 2; Schwartz, "The Archival Garden," p. 73.

与背景关系认知文件的原则，从而突破了此前盛行的"只有文件的信息内容才具有价值"的观点。① 恰好在第一次世界大战的前些年，公共档案馆的工作人员也许是受到穆勒（Muller）、斐斯（Feith）和福罗英（Fruin）1898年发行的《荷兰手册》②的影响，开始主张研究人员应将档案视为行政机构的产物，并以此为背景研究档案，而非仅仅将其作为孤立事件的证据。今天的许多学者与前辈相比，对以往官方的传统习惯和做法并不买账。即便研究人员打算"就着锯木"研究档案，也有必要了解"木头的纹理"，即文件产生的背景环境。

然而，在公共档案馆认同来源原则的一个世纪之后，一些批评者开始担忧，数字时代或许预示着过去采信脱离背景关系的孤立证据时代的回归。在纸质环境中，档案学家发现了通过物理处理或书面说明保护档案来源信息的方法，但不少学者指出过去采取的这些保护措施在数字环境中正在面临风险，因为原始资料可能重复使用并随意组合。在近期出版的《档案与历史的关联》一书中，弗朗西斯·布劳因（Francis Blouin）和威廉·罗森伯格（William Rosenberg）主张：当档案材料"从其生成的背景关系结构中剥离"时，档案材料可能已经丧失了"重要的历史内涵"。③ 数字档案学家克里斯托弗·李（Christopher Lee）在论及博客内容的重复使用与重新组合时也提出了类似的观点。谈到原始对话正在被"去背景化"时，他借用了微软研究人员乔纳森·格鲁丁（Jonathan Grudin）的论述：以订阅 RSS（简易信息聚合）为例，在博客上发布"微内容"时，"大部分非常重要的背景信息"已被剥离。④

在档案领域之外，互联网治理专家维克托·梅耶尔·舍恩伯格（Viktor Mayer-Schönberger）也提示"通过数字检索而直接访问的信息片段会大面积缺失……背景信息"。他认定信息将会变得去背景化或再次背景化，"因为检索得到的信息片段没有了与其伴生的背景信息，而这些片段信息又在

---

① Roper, "The Development of the Principles of Provenance and Respect for Original Order in the Public Record Office"; Procter, "Life Before Jenkinson," pp. 149-151.

② Muller, Feith and Fruin, *Handleiding voor het Ordenen en Beschrijven van Archieven.*

③ Blouin and Rosenberg, *Processing the Past*, p. 203.

④ Lee, "Collecting the Externalized Me," pp. 208-209.

搜索结果的新背景中重新呈现"。这些片段信息，有可能"从原始的背景关系中被切断，无法再追踪回溯"。①

十多年前，社会学家马克·伯格（Marc Berg）和埃尔斯·戈曼（Els Goorman）在医疗保健领域也注意到了类似趋势。该领域已广泛使用电子病历，预示着过去锁闭的纸质传统病历信息得到解放。护理病人的电子病历被视为信息资源，为了其他次要目的（包括行政管理、财务管理、服务规划和医疗研究）而被广泛节录和再次使用。信息再利用的提倡者将信息描绘为可独立传送、随意重新调配的自主构建模块。伯格和戈曼指出，虽然信息再利用很有价值，同时也是很危险的，因为信息"总是与其生成时的背景关系交织在一起"。他们还指出，查看健康记录的片段信息无异于忽视孤立的"原子"相互间的复杂作用。患者病历并非只是"信息的堆积"，其组成部分是"逐步形成某一完整事件的零碎片段"。② 档案人员早已耳熟能详，文件（及其组成部分）有相互关联的复杂脉络，为判定和理解文件提供参考。如果忽略了这些背景关系，我们的判定和理解将面临风险。③

然而，近年来梅耶尔·舍恩伯格指出，"世界各国的软件工程师正在争先恐后地改进数字工具，以使背景化或重新背景化在某种程度上成为可能"。④ 他是正确的，并非只有档案学家和社会学家在关注网络空间领域里背景关系的流失。过去若干年来，许多计算机科学家已经发现"来源"一词，并且他们大多是在从事背景化或重新背景化的工作。这些工作毫无疑问皆与该领域研究人员所称的数据来源相关。在电子科学和大数据世界，难以置信的海量科学数据不间歇地混搭、无休止地重组。问题随之而来，这些数据的可信度如何？又当如何验证？对来源的认知越来越被视为关键

---

① Mayer – Schonberger, *Delete*, pp. 78, 90.

② Berg and Goorman, "Contextual Nature of Medical Information," pp. 52 – 54.

③ Archivists have traditionally attempted to preserve knowledge of logical interrelationships by means of physical aggregations and fixed arrangements, but in Yeo, "Bringing Things Together," I argued that "no single arrangement captures all the interconnections that might be of interest" (p. 65) and that other approaches (using descriptive metadata and granular relational models or ontologies) can now be recognized as more powerful and effective.

④ Mayer – Schonberger, *Delete*, p. 79.

或关键之一，唯其如此方可保证所需的信任等级。①

迄今为止，少有档案学家了解万维网国际联盟的来源预备工作组（Provenance Incubator Group of the W3C）——制定互联网标准的组织，该组织已经界定"来源"的定义。根据万维网国际联盟的释义，某份资料的来源指"一份与描述该资料实体以及与该资料生成及传递过程相关或影响该资料的证据记录"。② 我们或许认为来源本身与描述来源的证据记录之间存在混淆；有些人根本不喜欢如此界定来源；但无法回避的结论是，确认来源已不再是档案专业的专属特权（如果曾经确系特权）。

2011年，一组科学家将完整性、真实性、可信性和来源表述如下：观测数据的完整性与真实性……处于科学研究的核心部分。真实性要求提供的所有数据或结果必须与所称完全相符；完整性要求处理和转换的数据确保没有隐含的失真、偏差或缺失。在很大程度上，必须信任文件作者，如此才能信任文件内容的完整性与真实性。通过此类信任的实际运用案例，我们也在寻求支持研究结论的实证。来源信息对于数据的质量与可信度来说必不可少。③

两年前，另一组计算机科学研究者断定，我们已经变得"越来越依赖数字信息了""为了能够信任某一信息，我们需要知晓其来源"。④

研究小组的报告指出：当数据能够并且应该可以重复使用和再次利用时，每一项数据应包含其历史及原始背景的证据，帮助利用者对其可信性形成判断。计算机科学家完成的该项研究的内容相当广泛，总体来说，这项研究回应了非常类似于档案工作者先前提到的那些担忧。若干具有竞争力研究团队的并存意味着在数据管理领域，有关来源的研究有多个不同的模型、本体或词表：包括溯源词汇模型（Provenance Vocabulary Model）、溯

---

① See, for example, Dai et al. , "An Approach to Evaluate Data Trustworthiness Based on Data Provenance"; Cheney, Chiticariu and Tan, "Provenance in Databases"; Moreau, "The Foundations for Provenance on the Web," For a useful introduction to the world of big data and a discussion of its implications for the wider society, see Mayer – Scho nberger and Cukier, *Big Data*.

② W3C Provenance Incubator Group, "Provenance XG Final Report."

③ Wf4Ever Advanced Workflow Preservation Technologies for Enhanced Science, "Workflow Integrity and Authenticity Maintenance Initial Requirements," pp. 8, 10.

④ Hasan, Sion and Winslett, "Secure Provenance," p. 12.

源顶层本体（Provenir Upper Ontology）、神经医学网络应用溯源词表（SWAN Provenance Vocabulary）以及最著名也是最通用的模型，即开放溯源模型（Open Provenance Model）。① 正如设计者所说，最后一个模型旨在支持非数字和数字资源的溯源表达，同时还允许溯源信息在系统之间进行交换。②

如上所述，信息技术方面的大多数研究均只关注数据的来源，从档案学的视角来看，该研究显现出的前景相当有限。某一计算机科学家研究团队主张，来源是"帮助确定某一数字产品自起源开始的衍化历史的信息"。③ 特别是在电子学领域，来源常常与工作流相关联，或多或少视为"衍生"的同义词：它从科学观测的"原始数据"一步步追踪到衍生或经过计算后的数据。

然而，其他计算机专家的看法更为宽泛，认为来源包括某一数字对象的起源、传承和传递的全部历史。④ 2008 年，媒体标准信托（Media Standards Trust）和网络科学协会（Web Science Trust）发布"透明化动议"，寻求在线新闻条目来源更为透明的方式。⑤ 近年来信息技术方面的研究一直在寻求构建来源架构以期加强网域内相互链接的数据和语义网的可信度，⑥ 并将此类构架延伸至云计算领域。⑦ 根据爱丁堡大学某计算机科学家的研究，来源是语义网中……任何隐私与可信度合理模型的基础。哈佛大学研究团队的研究案例显示，来源对于云储存的信息来说至关重要。捕捉和储存来源元数据的功能应作为核心功能纳入云服务。⑧

---

① Wf4Ever Advanced Workflow Preservation Technologies for Enhanced Science, "Workflow Integrity and Authenticity Maintenance Initial Requirements," p. 12; Ding et al., "Reflections on Provenance Ontology Encodings," pp. 199 – 200.
② Moreau et al., "The Open Provenance Model Core Speecification," p. 2.
③ Simmhan, Plale and Gannon, "A Survey of Data Provenance in E – Science," p. 31.
④ Hasan, Sion and Winslett, "Secure Provenance", p. 13.
⑤ See http://mediastandardstrust.org/projects/transparency – initiative/.
⑥ Omitola, Gibbins and Shadbolt, "Provenance in Linked Data Integration" and Halpin, "Provenance."
⑦ Muniswamy – Reddy et al., "Provenance for the Cloud;" Imran and Hlavacs, "Provenance in the Cloud."
⑧ Halpin, "Provenance," and Muniswamy – Reddy et. al., "Provenance for the Cloud," unpaginated.

其他计算机科学家也对来源或者背景关系产生了兴趣，其初衷似与可信度本身关联不大。例如，一些科学家研究开发了"情景感知系统"：该系统的设计考虑到用户的行为、状态或周边环境，使得计算机设备可以随之做出相应的调整。在很多案例中，这类系统的目的是最低限度地减少用户与计算设备的直接交互的，常与协助老年人的生活或帮助残障人士的医疗装置相关。① 在"普遍"或"无处不在"的计算机领域，传感器技术应用于日常物品，可以感知使用物品的情景并做出反应。② 其他一些研究已经着手开发能够运用于工作场所的情景感知系统。许多此类系统寻求感知文字信息的上下文关系以及工作场所的活动等，作为对用户的数字资源提供支持的一种方法，该方法常被称做"活动感知计算"。其中，某些系统的目的是允许用户通过采用对应的工作流接口，在行为运动层面与计算机进行交互，以替代如今普遍存在、以应用程序为中心或以文档为中心的大多数主流用户界面。③ 还有其他一些研究在寻求捕获和保存有关用户的活动信息，通过至少记录文件的某些直接背景或文件生成之际的背景关系，进而或明确地或隐含地维护用户所生成文件的来源信息。十年来，无论在欧洲还是美国，研究人员提出了一种基于"情境感知"或"来源关系"的"语义"文件系统。④ 另一称为"NEPOMUK"的欧洲研究项目，也一直在寻求开发"社会语义桌面系统"，⑤ 旨在将数字对象与代理人、任务项和其他有背景关系的实体相关联。

---

① Davies, Siewiorek and Sukthankar, "Activity – Based Computing."

② Greenfield, *Everyware*, and Schmidt et al., "Interacting with 21st – Century Computers."

③ Bardram, Bunde – Pedersen and Soegaard, "Support for Activity – Based Computing in a Personal Computing Operating System"; Voida, Mynatt and Edwards, "Re – framing the Desktop Interface and Electronic Recordkeeping." These computer science approaches have many similarities to those advocated within the archival community in the 1990s by David Bearman and John McDonald (Bearman, "Item Level Control and Electronic Recordkeeping," pp. 221 – 227; McDonald, "Towards Automated Record Keeping").

④ Karypidis and Lalis, "Automated Context Aggregation and File Annotation for PAN – based Computing"; Leung, Parker – Wood and Miller, "Copernicus." Archives & Records 1516 G. Yeo.

⑤ Grimnes, Sauermann and Bernardi, "The Personal Knowledge Workbench of the NEPOMUK Social Semantic Desktop;" Riss et al., "Knowledge Work Support by Semantic Task Management." An earlier project along similar lines, but with perhaps more emphasis on the workplace and on the flexible and adaptable nature of the technology, is described in Moran, Cozzi and Farrell, "Unified Activity Management."

### 4. 捕获背景关系

正如预期的那样，并非所有的初期研发都能脱离原型阶段，这些项目的研发人员通常都只注重对数据管理和访问机制作用的研究，从计算机科学的角度探索背景关系与来源的关联，而非档案科学视角。尽管如此，计算机科学家对来源的研究还是引起了档案学家的极大兴趣，这并非仅仅因为档案学家在数字文件领域中捕获和维护背景信息方面遭遇大规模的挑战。人们早已意识到，人工捕获元数据工作量繁重而密集，而且大多数档案机构未经处理的资料已严重积压。如果文件的生成者和利用者都能在元数据方面做出贡献，那么捕获的重担便可分担。但是企图由文件管理人员去说服电子文件管理系统的用户在文件生成节点提供背景元数据经常会遇到相当大的阻力。哪怕采用比常规元数据捕获方法省力很多的自由格式标记法（free-form tagging），可能仍然无法被足够数量的用户所采纳。为了获得所需的海量元数据，档案工作者和文件管理人员必须借助人工智能系统作为人工捕获的补充，自动对捕获对象的表格、内容和背景关系进行分析，并将其相应内容填入著录系统中。

对档案工作者来说，好消息是，正在寻求文件来源解决方案的计算机科学家也面临来自相似资源的挑战，并且已经开始寻求技术解决方案。自动获取特定类型背景信息的方法正在探索之中，有望在档案工作中证明其突出价值。再次强调，计算机科学大多数相关研究只关注数据来源的自动采集，[1] 也有一些研究项目在探索自动捕获工作场所的活动信息[2]或个人生活背景信息的方法。[3]

这些项目开发的系统通常监视用户与计算机和数据资源的交互行为，收集交互行为的相关信息，然后再对这些信息进行处理，推断出用户行为的背景信息，并试图发现用户执行的各项任务之间的相互关系。该方法在

---

[1] Braun et al., "Issues in Automatic Provenance Collection;" Barga and Digiampietri, "Automatic Generation of Workflow Provenance;" Wombacher and Huq, "Towards Automatic Capturing of Manual Data Processing Provenance."

[2] Dragunov et al., "TaskTracer"; Brdiczka, "From Documents to Tasks."

[3] Karypidis and Lalis, "Automated Context Aggregation and File Annotation for PAN-based Computing."

不同的研究项目中略有差异，例如美国 CAAD 项目采用了挖掘式算法模式用以检测某一用户工作流的结构，该结构被视为"用户工作活动的内容和背景的编码"。[①] 奥地利 UICO 项目运用传感器观察用户的交互行为，继而使用机器学习技术填充背景关系模型。[②]

虽然这些系统的目标是动态捕捉发生的背景事件，但也有一些初步的研究探索诸如保存数字视频和分析电子邮件，追溯性地提取背景关系信息。[③] 这些研究同样使用了一系列数据挖掘和人工智能等计算过程，其中包括语义检索、社会网络分析、相似性匹配和可视化分析。

档案工作者和文件管理人员很少注意到这项研究，无论怎样，研究目前仍处于起步阶段，特别是其推理工具已被证明实现难度太大。尽管如此，这些系统与档案工作的相关性显而易见。从长远来看，可望产生供档案工作者和文件管理人员使用的新工具，前提当然是整体技术允许和支持采用这些工具。论及对文件来源和背景关系的著录，自动化解决方案必将对目前耗时的手动流程有所助益。

下述观点必须谨记：文件的背景关系不仅包括文件涉及的行为、与其关联的人员，同时也包括文件生成与管理所涉及的更为广泛的环境。更为广泛的环境包括（但不限于此）：工作单位和机构的职能，属于核心部门还是延伸部门；这些环境还会延伸至个人、家庭、合作伙伴、工作单位、社区以及机构得以运行的更为广泛的社会、法律、文化和实际背景关系当中。这些背景并非仅局限于某一时刻或某一瞬间；所有这些的背后都有先前事件、行为、操作和情境复杂的网状关系，即我们所看到的现今背景关系的历史衍变顺序。南非档案学家凡尔纳·哈里斯（Verne Harris）曾经指出：

---

① Rattenbury and Canny, "CAAD," p. 687.
② Rath, Devaurs and Lindstaedt, "UICO." Other projects that have sought to develop tools for automated or semi‐automated detection and capture of contextual activity include UMEA (Kaptelinin, "UMEA"), TaskTracer (Dragunov et al., "TaskTracer") and Smart Desktop (Lowd and Kushmerick, "Using Salience to Segment Desktop Activity into Projects.").
③ Shah, "Mining Contextual Information for Ephemeral Digital Video Preservation"; Perer and Shneiderman, "Beyond Threads"; Dredze, Lau and Kushmerick, "Automatically Classifying Emails into Activities"; Esteva et al., "Finding Narratives of Activities;" Mayer, Neumayer and Rauber, "Interacting with (Semi‐) Automatically Extracted Context of Digital Objects;" through Archival Bond in Electronically Stored Information. Kang et al., "Making Sense of Archived E‐Mail."

"在此领域，搜索没有终结"；① 背景关系是无穷无尽的，每一个背景关系都有其自身的背景关系。在实际工作中，如果档案工作者和档案机构试图记录背景关系，则必须确定哪个层次的背景关系最能满足需求或最为用户所需；也就是说必须做出决策，哪些重要，哪些可以忽略。这一决定不可避免地要把背景关系中某些方面的权限置于其他背景关系之上。

即便如此，档案工作者也不认为有必要、有可能去记录哲学家约翰·塞尔（John Searle）所说的"背景"：② 储存有关世界上所有的技能与知识（不论这些技能与知识是对还是错，均假设多数人乃至所有人都在默默分享），或许认为有必要在名称、日期和地点这些低层次的直接背景关系之外再捕获更多的背景信息。一方面，他们或许对计算机应用软件的能力有信心，可以收集某人在某一时刻生成的某个文件的信息，或许某人正在某个地点与某些有名有姓的同事在某一具体时刻为某个项目工作。除去这些直接证据，他们还打算进一步将来源证据延伸至更广泛的社会、文化和体育领域的背景关系中。但与此同时，他们又对计算机探查如此广泛背景关系的能力以及对其自身能否确定适当的著录模式而信心不足。档案工作者历来认为，对于需要描述的事务，只要足够用心，便可准确而公正地生成可以代表该事物的著录；③ 现在却越来越意识到对于环境背景关系进行精准的著录是不可能的，而对于复杂概念性实体的诠释与边界的划定永远都会引发争议。如果不能指望人类为每一个差别细微而又精妙的背景关系编写著

---

① Harris, *Exploring Archives*, p. 83.

② Searle, *Consciousness and Language*, pp. 153 – 154, 196 – 197. Several studies have noted that users of archives sometimes feel little or no requirement for knowledge of previous contexts (see, for example, Craven, "From the Archivist's Cardigan to the very Dead sheep," pp. 19 – 20); but it would probably be more correct to say that such users seek no further explicit presentation of context because their prior "background" capacities and knowledge already suffice for their needs. Genealogical users, for example, are often thought to want specific information and to lack interest in the wider contexts of the records they consult, but if information in baptism registers, wills or apprenticeship indentures appears to need no elucidation it is only because most users already possess some contextual understanding of the societal practices these records represent. Context knows no limits, but as noted by Artz and Gil, "A Survey of Trust in Computer Science and the Semantic Web," p. 58, "humans... bring to bear vast amounts of knowledge about the world they live in", and arguably this allows us to assume that certain aspects of context can be left undocumented.

③ See, for example, the account of description in Haworth, "Archival Description."

录，怎能指望计算机替我们生成精准而又丰富细微的著录。我们也不可能为此类借由计算机科学进行背景界定（不能仅仅通过"计算机可以理解的用户环境因素"来定界背景信息）的困境找到解决方案。[1] 只能指望自动化系统去捕获直接或间接显露的背景信息，我们也不可能为研究人员提供未来可能需要的所有类型的背景信息。

认识到对背景关系的著录是局部的、不完整的，并不意味着这种描述毫无意义。我们可能对目前计算机研究工作的局限性有所保留，但可以设想未来的工具肯定会更加强大。我们有理由预见未来人工智能减轻档案工作者在记录背景关系时大量乏味的工作，档案机构可以将资源集中在不能轻易或有效实现自动化的方面。如果这些论点是正确的，那么这些证据记录构成了增强文件透明度的基础，也由此而成为评估文件可信度的基础。

## 5. 透明度、可信性和来源

我们从温伯格所称透明度已取代客观性这一论断中得到哪些启示？不少计算机研究人员支持中央集权的结构不再是有效的观点。詹姆斯·切尼（James Cheney）及其同事指出，"从历史上看，数据库……之所以被信任，是因为数据库是在集中控制之下：我们假定它是值得信赖的，并由有知识的人负责数据的完整性。如今，数据通常由互联网提供，数据的完整性缺乏集中控制。由于信息来源……就质量而言差异很大，提供文件来源及其他背景信息，借此帮助终端用户判断查询结果是否值得信任便显得非常重要"。[2]

在计算机文献中，有关来源、透明度和可信度之间相互关系的观点多种多样。最近有一篇计算机学的研究论文，题为"可信性与来源：你不可能拥有一个而缺失另一个"。[3] 南安普敦大学的计算机科学家吕克·莫罗（Luc Moreau）提出，"来源提供了系统透明度的必要证据"。[4] 哈佛大学乌

---

① Wootten and Rana, "Recording the Context of Action for Process Documentation," p. 45.

② Cheney, Chiticariu and Tan, "Provenance in Databases," p. 380.

③ Janowicz, "Trust and Provenance."

④ Moreau, "The Foundations for Provenance on the Web," p. 68.

里·布劳恩（Uri Braun）及其同事指出，自动化捕获系统提供的"透明度级别……在较常规的溯源系统中未曾找到"，① 或许并非依赖人工直接输入所致。纽约州伦斯勒理工学院（Rensselaer Polytechnic Institute）电子科学研究员阿尔瓦罗·格雷夫斯（Alvaro Graves）及其同事证实，数据的来源在"透明度上起到了重要的作用"，从而认定"从科学上来讲，这也是可信性唯一有效的来源"。②

2012 年，凯瑟琳·费尔斯（Kathleen Fear）和德文·雷·唐纳森（Devan Ray Donaldson）报告了计算机科学家所做的测试结果，用户在尝试使用溯源确定数据集可信度的过程中，来源确实起了作用。③ 这或许是发表在档案杂志上的第一篇研究数据来源动态的论文。费尔斯和唐纳森发现，有关来源的描述语句对于他们所研究的用户来说非常重要，但这并不是用户用以判断可信度所依据的唯一资源。这些用户还依赖他们对数据内容所进行的评估，依靠自己的经验和对数据生成者的原有认知，依靠文件之间的关系相互佐证。他们发现所有这些因素都很有用，但没有一个因素在单独使用时足以做出判断。最佳判断依赖于对所有这些因素的综合使用。④

这些发现在许多方面非常有趣，这并不出乎意料，也再次证实确定可信性时来源所起的作用。但同时也提醒我们，确定可信性时个人的自身特性也在起作用。计算机科学文献常常断言或假设来源信息可以某种方式编码，允许软件精确计算，得出貌似客观的"可信性等级"或"可信度数值"，⑤ 但费尔斯和唐纳森的研究显示，每个用户都是基于个人的知识和个人评价做出各自的判断。信任是一种选择性问题，即使基于相同的来源判定可信性，我或许选择信任特定的资源，而你可能选择不予信任。为网页

---

① Braun et al. , "Issues in Automatic Provenance Collection," p. 171.

② Graves, Lebo and McCusker, "Provenance and Trust in E – Science."

③ Fear and Donaldson, "Provenance and Credibility in Scientific Data Repositories." These authors reported similar conclusions in Donaldson and Fear, "Provenance, End – User Trust and Reuse."

④ Fear and Donaldson, "Provenance and Credibility in Scientific Data Repositories," pp. 327 – 333 and Donaldson and Fear, "Provenance, End – User Trust and Reuse," unpaginated.

⑤ See, for example, Golbeck and Mannes, "Using Trust and Provenance for Content Filtering on the Semantic Web;" Dai et al. , "Approach to Evaluate Data Trustworthiness Based on Data Provenance" and Chapman, Blaustein and Elsaesser, "Provenance – based Belief."

资源提供特定"信任度"、"哦耶?"按钮,即便反映的并不只是他人的评价,也很有可能遭到许多有头脑的用户的嘲笑,其评级充其量不过是由软件程序依据用户可以或不可以分享的接受程度得出的假设。① 对某一文件的可信性达成一致的认同,这几乎是不可能的。

古文书学提醒我们,文件的可信度在实际操作中存在不同的级别:一份文件或所谓"文件",可依据其真实性(是否真的相信与所称相符)以及准确性或可靠性(是否真的相信确实符合所称事实、行为或事件)来判断。② 当然,所有这些都是有争议的概念。文件管理领域的文献往往告诉我们,可靠的文件必须是完整和准确的;③ 但在现实中,一旦描述事物的语句超出了简单描述(比如日期、时间和地理位置等)的范畴而进入随意描述的境地,那么对某一行为或事件的描述将会有一个差异范围,当今很少有人可以接受仅凭单一的限定描述便相信其准确性不容挑战、其完整性不容置疑。在实践中,我可能会选择信任我所提交的文件记述,同时我也认为其他的记述可能也是可信的,甚或抱有信心。有时我可能会无法对现有任何文件的内容给予完全的信任。把复杂程度再增加一个等级,如果可以断定某一文件是由我感兴趣的同行制发的,我可能会选择信任文件的内容和这些同行的话,尽管认为他们的观点很值得怀疑。④

真实性似乎是另一个不同的问题,即使对文件内容缺乏信心,但我仍

① The computer industry has attempted to respond to concerns about trustworthiness in e – commerce by providing logos or "trust seals" that purport to offer assurance that a website is reputable. These devices are usually intended to convey information that an online vendor has subscribed to a code of conduct administered by a certification authority. An anonymous reviewer for Archives & Records has drawn my attention to a recent paper in a computer science journal (Kirlappos, Sasse and Harvey, "Why Trust Seals Don't Work"), which indicated that these devices are easily forged and that users frequently overlook them or find them puzzling. Kirlappos, Sasse and Harvey suggested that the answer probably lies in "automatic verification" of trustworthiness (p. 308), but "verification" remains a highly loaded term. MacNeil, "Trust and Professional Identity" has given us a timely reminder that "the trustworthiness of records is socially negotiated, [and] historically situated" (p. 187). Archivists and the wider public may not always share computer scientists' confidence in the possibilities of objective authentication and of constructing infallible solutions that wholly depend on software programming.
② Duranti, "Reliability and Authenticity."
③ ISO 15489 – 1, sec. 7. 2. 3; State Records Authority of New South Wales, Standard on Full and Accurate Records; Queensland State Archives, Creating Full and Accurate Records.
④ Yeo, "Representing the Act," pp. 105 – 106.

可能相信其真实性，即不曾被伪造、破坏或篡改。传递与保存的程序可能威胁并削弱真实性。如果拟对某一文件的真实性做出判定，我希望查看有关该文件保管的全程历史和经历的背景信息。在档案学的术语体系中，对"来源"一词的传统理解只限定在档案的起源及其生成时的背景关系。而今许多档案学家对此提出异议，认为还应该包括其管理过程的历史信息，如此一来，档案学的来源概念的定位与图书馆、博物馆的来源概念更为接近。

所以，对来源或背景关系的需求必然会导致接下来对可信性相关问题的判定，这是不可避免的。如果我想使用任何有关来源的信息，以便对文件可信性做出判断，就不得不先对来源信息本身做出是否予以信任的决定。无论有关文件起源的信息还是文件保管历史的信息，寻求的都是有关过去的信息，但任何人都不可能活在当下却直接经历过去，只能通过相关记述去观察，我们还必须仔细考虑，对这些记述相信到什么程度。也许对文件生成时的背景环境会有一些个人的记忆（我们自己头脑里可以得到的记述），但更常见的是，我会依赖由他人生成的有关文件来源的描述。我所要识别的就是称为来源元数据的记述，这些记述也是文件，也有其公正性：是人们对过去情境和事件做出记述或判断的文件，或由计算机捕获的情境和事件的文件。比起其他文件，其可信度可能不会更高，但也不会更低。为确立对真实性、可靠性的信心，需要应用尽可能多的元数据、印证资料或描述资料。

正如对其他可信性进行判定一样，对来源元数据的评估似乎取决于构建模块的数量：元数据看上去是否正确？感觉是否正确？与我们先前在此类事情上得出的、是否值得信任的经验吻合？是否可被我们接触到的其他的信息资料所印证？如果我们偏爱技术手段，或者担心犯罪方伪造文件可能也会篡改其来源元数据以湮灭踪迹，不妨留意加密技术以保证有关来源语句（statement）不被损毁。同时，似乎也有必要考虑"来源语句本身的来源"：谁生成这些详细的来源信息，何时生成，以及在何种情形下生成。最近，一个欧洲计算机学工作流的研究项目中将其称为元来源，定义为"有关来源语句的元语句或者来源语句集"①。正如项目报告所述，"如果有关来

---

① Wf4Ever Advanced Workflow Preservation Technologies for Enhanced Science, "Workflow Integrity and Authenticity Maintenance Initial Requirements," p. 15.

源信息的来源情况不明，我们仅仅基于……不值得信任的数据对可信度进行判断而得出结论是有风险的"。①

在网络空间，这一问题尤其重要，因为文件或档案的著录开放给用户完成，一如许多档案学家近年的主张。② 争议在于，当"任何人均可在任何时间生成来源语句"，③ 那么就特别需要考虑，我们对这些语句的生成者在多大程度上施以信任。如果提供详细信息的是"智慧群体"，我们想知道有多少人为智慧做出贡献，他们都是什么类型的人；如果只有一两个人做出了贡献，那么辨别其身份或许更为重要，假如打算对其做出的贡献是否可信进行评估的话。我们认识这些人吗？名誉如何？是否有其他证据提示我们去相信他们？正像多诺万·阿茨（Donovan Artz）和约兰达·吉尔（Yolanda Gil）观察所得，在网络或类似网络环境中，"任何人都可以对任何事说任何话……我们需要知晓应把自己的信任置于何种程度"。④

## 6. 结论

根据国际万维网联盟的说法，"来源为评估真实性和施信提供了极其重要的基础"。⑤ 毫无疑问，来源是评估文件与档案可信性的重要因素，无论在数字领域还是模拟领域。我们必须得出这样的结论，仅仅使用有关来源的信息是不够的。当个人或者机构提供了此类信息，必须决定要在多大程度上相信这些个人或机构告诉我们的信息，或许还要决定在多大程度上相信我们在获取他们所述信息时的特定环境。或许这是一个无限递推的论证，显然永无休止地需要有关元数据的元数据，但最终我们将不得不依赖于自身做出判断。无论我们读到的有关来源或者来源元数据语句是由单个来源（比如某一档案工作者）还是由"群体"来源生成，必须运用自身的知识或

① Wf4Ever Advanced Workflow Preservation Technologies for Enhanced Science, "Workflow Integrity and Authenticity Maintenance Initial Requirements," p. 16.
② Anderson and Allen, "Envisioning the Archival Commons;" Evans, "Archives of the People, by the people, for the people" and Huvila, "Participatory Archive."
③ Wf4Ever Advanced Workflow Preservation Technologies for Enhanced Science, "Workflow Integrity and Authenticity Maintenance Initial Requirements," p. 15.
④ Artz and Gil, "A Survey of Trust in computer Science and the Semantic Web," p. 58.
⑤ See the W3C website at http://www.w3.org/2005/Incubator/prov/wiki/What_Is_Provenance.

认知来决定是否愿意相信这些语句的生成者，给出这些语句的数据库或网站的发布者，以及对生成者和发布者自称自己是谁，有多大信任度。如果我们读取的语句是由计算机软件程序自动捕获的，我们同样必须依靠自身对软件应用程序和对编写该程序的人员做出判断。必须承认，我们也会犯错误，有时也会做出错误的选择：当选择信任时，可能不这样做会更好；不信任某人或某事时，却恰恰值得信赖。

最后，审视这一领域，我们发现专业权威和专业知识的问题重新浮现。尽管当前流行贬低专业特长，但我仍想建议，专业档案工作者和档案机构在安全可信度方面仍然起着关键作用。信誉至关重要，好比我们选择与亚马逊交易，而不考虑不明图书经销商网站（unknownbookseller），因为我们相信老字号的声誉。所以，当评估有关文件和档案的来源语句时，我们可能更愿意信任由声誉与权威更好的个人或机构提供的信息。在"信任转移"过程中，① 我们会发现，当一个大型的未知实体与一个我们完全信任的知名来源相关联的时候，人们都愿意施以信任。即使那些可信性在很大程度上取决于透明度的领域，仍是听得见专家声音的地方，尽管专家也不可能被视为绝对可靠、客观的信息的提供者。与其他领域的专家一样，如今档案学家和文件保管员必须赢得信任，即重建信任，不再仅仅假设已经拥有信任。

## 参考文献

Anderson, Scott R., and Robert B. Allen. 2009. "Envisioning the Archival Commons." *American Archivist*, 72 (2): 383 – 400.

Artz, Donovan, and Yolanda Gil. 2007. "A Survey of Trust in Computer Science and the Semantic Web." *Journal of Web Semantics*, 5 (2): 58 – 71.

Bardram, Jakob E., Jonathan Bunde – Pedersen, and Mads Soegaard. "Support for Activity – Based Computing in a Personal Computing Operating System." CHI' 06: Proceedings of the SIGCHI Conference on Human Factors in Computing Systems. New York: ACM Press, 2006.

Barga, Roger S., and Luciano A. Digiampietri. 2006. "Automatic Generation of Workflow

---

① McEvily, Perrrone and Zaheer, "Introduction to the Special Issue," p. 2.

Provenance. " *Lecture Notes on Computer Science*, 4145: 1 – 9.

Bastian, Jeannette A. . 2003. *Owning Memory: How a Caribbean Community Lost Its Archives and Found Its History.* Westport, CT: Libraries Unlimited, 2003.

Bearman, David. 1996. "Item Level Control and Electronic Recordkeeping. " *Archives and Museum Informatics*, 10 (3): 195 – 245.

Berg, Marc, and Els Goorman. 1999. "The Contextual Nature of Medical Information. " *International Journal of Medical Informatics*, 56: 51 – 60.

Berners – Lee, Tim. 1997. "Cleaning Up the User Interface. " http: //www. w3. org/DesignIssues/UI. html.

Blanchette, Jean – Francsois. 2012. *Burdens of Proof: Cryptographic Culture and Evidence Law in the Age of Electronic Documents.* Cambridge, MA: MIT Press.

Blomqvist, Kirsimarja. 1997. "The Many Faces of Trust. " *Scandinavian Journal of Management*, 13 (3): 271 – 286.

Blouin, Francis X. , and William G. Rosenberg. 2011. *Processing the Past: Contesting Authority in History and the Archives.* New York: Oxford University Press.

Borland, Jennifer. 2009. "Trust and the Records Professional. " http: //www. armaedfoundation. org/ pdfs/JBorland_ScholarshipEssay. pdf.

Braun, Uri, Simson Garfinkel, David A. Holland, Kiran – Kumar Muniswamy – Reddy, and Margo I. Seltzer. 2006. "Issues in Automatic Provenance Collection. " *Lecture Notes on Computer Science*, 4145: 171 – 183.

Brdiczka, Oliver. 2010. "From Documents to Tasks: Deriving User Tasks from Document Usage Patterns. " IUI 2010: Proceedings of the 15th International Conference on Intelligent User Interfaces. New York: ACM Press.

Chapman, Adriane, Barbara Blaustein, and Chris Elsaesser. 2010. "Provenance – Based Belief. " http: //www. mitre. org/work/tech_papers/2010/09_5315/09_5315. pdf.

Cheney, James, Laura Chiticariu, and Wang – Chiew Tan. 2009. "Provenance in Databases: Why, How, and Where. " *Foundations and Trends in Databases*, 1 (4): 379 – 474.

Cofta, Piotr. 2007. *Trust, Complexity and Control.* Chichester: John Wiley & Sons.

Cook, Michael. 1999. *The Management of Information from Archives*, 2nd. Aldershot: Gower.

Craven, Louise. 2008. "From the Archivist's Cardigan to the Very Dead Sheep: What are Archives? What are Archivists? What do They Do?" In What are Archives? Cultural and Theoretical Perspectives: A Reader, edited by L. Craven. Aldershot: Ashgate.

Cvetkovich, George, and Ragnar E. Lofstedt, eds. 1999. *Social Trust and the Management of Risk*. London: Earthscan Publications.

Dai, Chenyun, Dan Lin, Elisa Bertino, and Murat Kantarcioglu. 2008. "An Approach to Evaluate Data Trustworthiness Based on Data Provenance. " *Lecture Notes on Computer Science*, 5159: 82 – 98.

Dalby, Andrew. 2009. *The World and Wikipedia*. Draycott: Siduri Books.

Davies, Nigel, Daniel P. Siewiorek, and Rahul Sukthankar. 2008. "Activity – Based Computing. " *Pervasive Computing*, 7 (2): 20 – 21.

Denning, Peter, Jim Horning, David Parnas, and Lauren Weinstein. 2005. "Wikipedia Risks. " *Communications of the ACM*, 48 (12): 152.

Ding, Li, Jie Bao, James R Michaelis, Jun Zhao, and Deborah L. McGuinness. 2010. "Reflections on Provenance Ontology Encodings. " *Lecture Notes on Computer Science*, 6378: 198 – 205.

Dollar, Charles M. . 1992. *Archival Theory and Information Technologies: The Impact of Information Technologies on Archival Principles and Methods*. Macerata, Italy: University of Macerata.

Donaldson, Devan Ray, and Kathleen Fear. 2011. "Provenance, End – User Trust and Reuse: An Empirical Investigation. " http://static. usenix. org/events/tapp11/tech/final_files/ Donaldson. pdf.

Dragunov, Anton N. , Thomas G. Dietterich, Kevin Johnsrude, Matthew McLaughlin, Lida Li, and Jonathan L. Herlocker. "TaskTracer: A Desktop Environment to Support Multi – tasking Knowledge Workers. " 2005. *IUI' 05 : Proceedings of the10 th International Conference on Intelligent User Interfaces*. New York: ACM Press.

Dredze, Mark, Tessa Lau, and Nicholas Kushmerick. 2006. "Automatically Classifying Emails into Activities. " *IUI' 06 : Proceedings of the11 th International Conference on Intelligent User Interfaces*. New York: ACM Press.

Duranti, Luciana. 1995. "Reliability and Authenticity: The Concepts and their Implications. " *Archivaria*, 39: 5 – 10.

Duranti, Luciana, and Corinne Rogers. 2012. "Trust in Digital Records: An Increasingly Cloudy Legal Area. " *Computer Law & Security Review*, 28: 522 – 531.

Esteva, Maria, Weijia Xu, Jaya Sreevelsan – Nair, Ashwini Athalye, and Merwan Hadethe. "Finding Narratives of Activities through Archival Bond in Electronically Stored Informa-tion. "2009. http: //web. archive. org/web/20100722172246/ http: //www. law. pitt. edu/DE-SI3_Workshop/ Papers/DESI_III. Esteva – Xu – Nair. pdf.

European Commission Directorate – General for Communication. 2011. "Eurobarometer 76: Public Opinion in the European Union: First Results. " http: //ec. europa. eu/public_opinion/ archives/eb/eb76/eb76_first_en. pdf.

Evans, Max J. . 2007. "Archives of the People, by the People, for the People. " *Ameri-can Archivist*, 70 (2): 387 – 400.

Fear, Kathleen, and Devan Ray Donaldson. "Provenance and Credibility in Scientific Da-ta Repositories. " *Archival Science*, 12 (3): 319 – 339.

Fukuyama, Francis. 1996. *Trust: The Social Virtues and the Creation of Prosperity*. London: Penguin.

Gilliland, Anne. "Neutrality, Social Justice and the Obligations of Archival Education and Educators in the Twenty – first Century. " *Archival Science*, 11 (3 – 4): 193 – 209.

Golbeck, Jennifer, and Aaron Mannes. 2006. "Using Trust and Provenance for Content Filte-ring on the Semantic Web. " http: //sunsite. informatik. rwth – aachen. de/Publications/CEUR – WS/Vol – 190/paper02. pdf.

Graves, Alvaro, Tim Lebo, and Jim McCusker. 2010. "Provenance and Trust in E – Sci-ence. " http: // tw. rpi. edu/proj/portal. wiki/images/0/06/McCusker_Lebo_Graves_Prove-nanceTrustSlides. pdf.

Greenfield, Adam. 2006. *Everyware: The Dawning Age of Ubiquitous Computing*. Berkeley, C. A. : Peachpit Press.

Grimnes, Gunnar A. , Leo Sauermann, and Ansgar Bernardi. 2009. "The Personal Knowl-edge Workbench of the NEPOMUK Social Semantic Desktop. " *Lecture Notes in Computer Science*, 5554: 836 – 840.

Halpin, Harry. 2009. "Provenance: The Missing Component of the Semantic Web for Pri-vacy and Trust. " http: //ceur – ws. org/Vol – 447/paper9. pdf.

Harris, Verne. 2000. *Exploring Archives: An Introduction to Archival Ideas and Practice in South Africa*. Pretoria: National Archives of South Africa.

Hasan, Ragib, Radu Sion, and Marianne Winslett. 2009. "Secure Provenance: Protecting the Genealogy of Bits. " http: //static. usenix. org/publications/login/2009 – 06/openpdfs/hasan. pdf.

Haworth, Kent M. . 2002. "Archival Description: Content and Context in Search of Structure. " In *Encoded Archival Description on the Internet*, edited by D. Pitti and W. Duff, New York: Haworth Press.

Horsman, Peter. 2011. "Wrapping Records in Narratives: Representing Context Through Archival Description. " http://www. its － arolsen. org/fileadmin/user _ upload/Dateien/Archivtagung/ Horsman_text. pdf.

Hosking, Geoffrey. 2010. *Trust: Money, Markets and Society*. Calcutta: Seagull Books.

Huvila, Isto. 2008. "Participatory Archive: Towards Decentralised Curation, Radical User Orientation, and Broader Contextualisation of Records Management. " *Archival Science*, 8 (1): 15 － 36.

Imran, Muhammad, and Helmut Hlavacs. 2012. "Provenance in the Cloud: Why and How?" http://www. thinkmind. org/download. php? articleid1/4cloud_computing_2012_5_20_20114. pdf.

ISO 15489 － 1. 2001. Information and Documentation: Records Management. Part 1: General. International Organization for Standardization.

Janowicz, Krzysztof. 2009. "Trust and Provenance: You Can't Have One Without The Other. " http://geog. ucsb. edu/, jano/trust_provenance. pdf.

Jenkinson, Hilary. 1937. *A Manual of Archive Administration*, 2nd. London: Lund Humphries.

Kang, Hyunmo, Catherine Plaisant, Tamer Elsayed, and Douglas W. Oard. 2010. "Making Sense of Archived E － Mail: Exploring the Enron Collection with NetLens. " *Journal of the American Society for Information Science and Technology*, 61 (4): 723 － 744.

Kaptelinin, Victor. 2003. "UMEA: Translating Interaction Histories into Project Contexts. " *CHI' 03: Proceedings of the SIGCHI Conference on Human Factors in Computing Systems*. New York: ACM Press.

Karypidis, Alexandros, and Spyros Lalis. 2007. "Automated Context Aggregation and File Annotation for PAN － based Computing. " *Personal and Ubiquitous Computing*, 11 (1): 33 － 44.

Kelton, Kari, Kenneth R. Fleischmann, and William A. Wallace. 2008. "Trust in Digital Information. " *Journal of the American Society for Information Science and Technology*, 59 (3): 363 － 374.

Kirlappos, Iacovos, M. Angela Sasse, and Nigel Harvey. . 2012. "Why Trust Seals Don't Work: A Study of User Perceptions and Behavior. " *Lecture Notes in Computer Science*, 7344: 308 － 324.

Lahno, Bernd. 2001. "Institutional Trust: A Less Demanding Form of Trust?" *Revista Lat-*

*inoamericana de Estudios Avanzados*, 15: 19 – 58.

Lee, Christopher A. 2011. "Collecting the Externalized Me: Appraisal of Materials in the Social Web." In *Digital*, *I.* : *Personal Collections in the Digital Era*, edited by C. A. Lee. Chicago, IL: Society of American Archivists.

Leung, Andrew W. , Aleatha Parker – Wood, and Ethan L. Miller. 2009. "Copernicus: A Scalable, High – Performance Semantic File System." http: //ssrc. cse. ucsc. edu/Papers/ssrctr – 09 – 06. pdf.

Locke, John. 1954. *Essays on the Law of Nature*, edited by W. von Leyden. Oxford: Clarendon Press.

Lofstedt, Ragnar E. , and Tom Horlick – Jones. 1999. "Environmental Regulation in the UK: Politics, Institutional Change and Public Trust." In *Social Trust and the Management of Risk*, edited by G. Cvetkovich and R. E. Lo fstedt, London: Earthscan Publications.

Lowd, Daniel, and Nicholas Kushmerick. 2009. "Using Salience to Segment Desktop Activity into Projects." *IUI2009* : *Proceedings of the14 th International Conference on Intelligent User Interfaces.* New York: ACM Press.

Lynch, Clifford. 2000. "Authenticity and Integrity in the Digital Environment: An Exploratory Analysis of the Central Role of Trust." *Authenticity in a Digital Environment.* Washington: Council on Library and Information Resources.

MacNeil, Heather. 2000. *Trusting Records: Legal, Historical, and Diplomatic Perspectives.* Dordrecht: Kluwer.

MacNeil, Heather. 2005. "Picking Our Text: Archival Description, Authenticity, and the Archivist as Editor." *American Archivist*, 68 (2): 264 – 278.

MacNeil, Heather. 2009. "Trusting Description: Authenticity, Accountability, and Archival Description Standards." *Journal of Archival Organization*, 7 (3): 89 – 107.

MacNeil, Heather. 2001. "Trust and Professional Identity: Narratives, Counter – Narratives and Lingering Ambiguities." *Archival Science*, 11 (3 – 4): 175 – 192.

Mayer, Rudolf, Robert Neumayer, and Andreas Rauber. 2009. "Interacting with (Semi – ) Automatically Extracted Context of Digital Objects." http: //www. idi. ntnu. no/, neumayer/ pubs/ MAY09_ciao. pdf Archives & Records 1920 G. Yeo.

Mayer – Schonberger, Viktor. 2009. *Delete: The Virtue of Forgetting in the Digital Age.* Princeton, NJ: Princeton University Press.

Mayer – Scho nberger, Viktor, and Kenneth Cukier. 2013. *Big Data: A Revolution That*

*Will Transform How We Live，Work and Think*. London：John Murray.

McDonald，John. 1997. "Towards Automated Record Keeping：Interfaces for the Capture of Records of Business Processes. " *Archives and Museum Informatics*，11（3 – 4）：277 – 285.

McEvily，Bill，Vincenzo Perrone，and Akbar Zaheer. 2003. "Introduction to the Special Issue on Trust in an Organizational Context. " *Organization Science*，14（1）：1 – 4.

McKemmish，Sue. 1993. "Introducing Archives and Archival Programs. " In *Keeping Archives*，edited by J. Ellis. 2nd. Melbourne：D. W. Thorpe.

McKnight，D. Harrison，and Norman L. Chervany. 1996. "The Meanings of Trust. " http：//misrc. umn. edu/wpaper/WorkingPapers/9604. pdf

Millar，Laura A. 2010. *Archives：Principles and Practices*. London：Facet Publishing.

Millar，Laura A. . 2002. "The Death of the Fonds and the Resurrection of Provenance：Archival Context in Space and Time. " *Archivaria*，53：1 – 15.

Moran，Thomas P. ，Alex Cozzi，and Stephen P. Farrell. 2005. "Unified Activity Management：Supporting People in E – Business. " *Communications of the ACM*,48（12）：67 – 70.

Moreau，Luc. 2010. "The Foundations for Provenance on the Web. " http：//eprints. soton. ac. uk/271691/.

Moran，et al. 2010. "The Open Provenance Model Core Specification. " http：//eprints. soton. ac. uk/271449/.

Morrish，R. . 1930. "Fraud in Various Forms. " *Police Journal*，3（4）：589 – 600.

Muller，S. ，J. A. Feith，and R. Fruin. 1898. *Handleiding voor het Ordenen en Beschrijven van Archieven*. Groningen：Van der Kamp.

Muniswamy – Reddy，Kiran – Kumar，Peter Macko，and Margo Seltzer. 2010. "Provenance for the Cloud. " http：//static. usenix. org/event/fast10/tech/full_papers/muniswamy – reddy. pdf.

Nesmith，Tom. 2002. "Seeing Archives：Postmodernism and the Changing Intellectual Place of Archives. " *American Archivist*，65（1）：24 – 41.

Nhan，Johnny，Patrick Kinkade，and Ronald Burns. 2009. "Finding a Pot of Gold at the End of an Internet Rainbow：Further Examination of Fraudulent Email Solicitation. " *International Journal of Cyber Criminology*，3（1）：452 – 475.

Omitola，Tope，Nicholas Gibbins，and Nigel Shadbolt. 2010. "Provenance in Linked Data Integration. "http：//linkeddata. future – internet. eu/images/e/eb/FIA2010_Provenance_in_the_Future_Internet. pdf.

Perer, Adam, and Ben Shneiderman. 2005. "Beyond Threads: Identifying Discussion in Email Archives." http: //hcil. cs. umd. edu/trs/2005 – 26/2005 – 26. pdf

Power, Michael. 1997. *The Audit Society: Rituals of Verification.* Oxford: Oxford University Press.

Procter, Margaret. 2008. "Life Before Jenkinson: The Development of British Archival Theory and Thought at the Turn of the Twentieth Century." *Archives*, 119: 140 – 161.

Queensland State Archives. 2008. "Creating Full and Accurate Records." http: //www. archives. qld. gov. au/Recordkeeping/GRKDownloads/Documents/full_accurate. pdf.

Rath, Andreas S. , Didier Devaurs, and Stefanie N. Lindstaedt. 2009. "UICO: An Ontology – based User Interaction Context Model for Automatic Task Detection on the Computer Desktop." *Proceedings of the 1st Workshop on Context, Information and Ontologies.* New York: ACM Press.

Rattenbury, Tye, and John Canny. 2007. "CAAD: An Automatic Task Support System." *CHI' 07 : Proceedings of the SIGCHI Conference on Human Factors in Computing Systems.* New York: ACM Press.

Riegelsberger, Jens, M. Angela Sasse, and John D. McCarthy. 2005. "The Mechanics of Trust: A Framework for Research and Design. " *International Journal of Human – Computer Studies*, 62 (3): 381 –422.

Riss, Uwe V. , Olaf Grebner, Philip S. Taylor, and Ying Du. 2010. "Knowledge Work Support by Semantic Task Management. " *Computers in Industry*, 61: 798 – 805.

Roper, Michael. 1992. "The Development of the Principles of Provenance and Respect for Original Order in the Public Record Office. " In *The Archival Imagination: Essays in Honour of Hugh A. Taylor*, edited by B. L. Craig. Ottawa: Association of Canadian Archivists.

Schmidt, Albrecht, Bastian Pfleging, Florian Alt, Alireza Sahami Shirazi, and Geraldine Fitzpatrick. 2012. "Interacting with 21st – Century Computers. " *Pervasive Computing*, 11 (1): 22 – 30.

Schwartz, Joan M. . 2011. "The Archival Garden: Photographic Plantings, Interpretive Choices, and Alternative Narratives. " In *Controlling the Past: Documenting Society and Institutions*, edited by T. Cook. Chicago, IL: Society of American Archivists.

Searle, John R. . 2002. *Consciousness and Language.* Cambridge: Cambridge University Press.

Shah, Chirag. 2009. "Mining Contextual Information for Ephemeral Digital Video Preservation. " *International Journal of Digital Curation*, 4 (1): 175 – 192.

Simmhan, Yogesh L. , Beth Plale, and Dennis Gannon. 2005. "A Survey of Data Provenance in E – Science. " *SIGMOD Record*, 34 (3): 31 – 36.

State Records Authority of New South Wales. 2004. "Standard on Full and Accurate Records. " http: //www. records. nsw. gov. au/documents/recordkeeping – standards/Standard% 20No% 20% 207% 20 – % 20Full% 20and% 20Accurate. pdf.

Statistics Canada. 2002. "Statistics Canada's Quality Assurance Framework. " http: // www5. statcan. gc. ca/bsolc/olc – cel/olc – cel? lang1/4eng&catno1/412 – 586 – X.

Viklund, Mattias. 2003. "Risk Policy: Trust, Risk Perception, and Attitudes. " http: //hhs. diva – portal. org/smash/get/diva2: 221508/FULLTEXT01. pdf.

Voida, Stephen, Elizabeth D. Mynatt, and W. Keith Edwards. 2008. "Re – framing the Desktop Interface Around the Activities of Knowledge Work. " *UIST' 08 : Proceedings of the 21 st Annual ACM. Symposium on User Interface Software and Technology.* New York: ACM Press.

W3C Provenance Incubator Group. 2010. "Provenance XG Final Report. " http: //www. w3. org/2005/Incubator/prov/XGR – prov – 20101214.

Weinberger, David. 2009. "Transparency Is the New Objectivity. " http: //www. hyperorg. com/blogger/2009/07/19/transparency – is – the – new – objectivity/.

Wf4Ever Advanced Workflow Preservation Technologies for Enhanced Science. 2011. "Workflow Integrity and Authenticity Maintenance Initial Requirements. " http: //repo. wf4ever – project. org/dlibra/doczip? id1/418.

Wombacher, Andreas, and Mohammad Rezwanul Huq. 2011. "Towards Automatic Capturing of Manual Data Processing Provenance. " http: //doc. utwente. nl/77220/1/paper. pdf.

Wootten, Ian, and Omer Rana. 2008. "Recording the Context of Action for Process Documentation. " *Lecture Notes on Computer Science*, 5272: 45 – 53.

Yeo, Geoffrey. 2012. "Bringing Things Together: Aggregate Records in a Digital Age. " *Archivaria*, 74: 43 – 91.

Yeo, Geoffrey. "Representing the Act: Records and Speech Act Theory. " *Journal of the Society of Archivists*, 31 (2): 95 – 117.

# 第二部分
# 云文件与云信任

　　现今越来越多的信息正在"走向云端"，包括文件和档案。从档案的角度研究云文件与云信任，是档案工作者面临的课题。本部分研究了云环境中文件保存与处置面临的挑战，探索了云计算是否改变了档案工作者的角色，以及档案工作者如何应对与云有关的问题，比较了云服务合同条款与文件和档案管理需求，提出了一份保持云文件真实性所需的要求清单，探索了通过建立开放政府动议通用框架确保开放政府信息准确性、真实性和可信性的可能性。

# 新技术、新挑战

## ——云环境中的文件保存与处置

帕特里夏·C. 弗兰克斯*

王 健 田呈彬 王 宁**

## 引 言

越来越多的企业和政府机构选择采用云服务、享用云服务带来的益处，比如更高的运作效率、可访问性、可协作性、安全性、可靠性和更好的创新机会。然而，机构中负责管理云端文件和信息的工作人员意识到，将文件和信息的控制权交给第三方供应商势必带来很多问题。要想使云存储中的文件内容管理风险最小化，方法之一是仅使用企业托管的私有云开展交流合作和业务运营。不过，这样做的同时会牺牲吸引公众参与的机会。因此，越来越多的机构转向采用混合式解决方案。

到2017年，将近一半的大型企业预计将使用混合（即公共、私有）云环境（Babcock，2013）。混合云环境是一种集成式云服务，在同一机构内使用私有云和公有云执行不同的功能。2014年对1068名技术人员进行的调查显示，"使用混合云和多重云仍是企业的最终目标：74%的企业受访者使用多重云战略，48%的企业计划采用混合云"（Weins，2014）。无论何种实施模式，均需使机构能够"信任"存储在云环境中的文件的保存与处置符

---

 \* 帕特里夏·C. 弗兰克斯（Patricia C. Franks），美国人，博士，圣何塞州立大学信息学院教授，InterPARES Trust 研究员，档案与文件管理硕士项目负责人，InterPARES Trust 国际研究项目成员，《档案科学百科全书》联合主编，著有《文件与信息管理》一书。主要研究兴趣为新兴技术对档案与文件管理学科的影响、信息治理等。

\*\* 译者：王健，任职于中国人民大学信息资源管理学院；田呈彬，任职于中国人民大学信息资源管理学院；王宁，任职于中国人民大学信息资源管理学院。

合企业文件保存与处置的同一要求（Franks and Doyle，2014）。

## 1. 研究方法

2013年6月，"网络环境中文件信任"（InterPARES Trust，加拿大社会科学与人文研究委员会资助5年的多国跨学科研究项目，2013~2018）探讨互联网环境中与数字文件和数据的信任相关的问题。项目批准了若干项研究提议，旨在调查总体研究议题的不同方面，云环境中的文件保存与处置研究便是其中之一。该项目委员会决定采用定性方法回答以下两个研究问题：

● 云服务的使用将如何影响在遵循法律及其他适用指南的基础上保存与处置文件的能力？

● 通过文件保存与处置操作来管理存储于企业内部和云环境中的文件，实操与标准、指南的要求存在差异，为缩小差异所导致的风险我们应该如何应对？

采用三种数据采集方法实现研究目标：

（1）对相关国家和国际标准及指南的内容进行分析，以识别对存储于电子系统中的文件保存与处置的功能要求；

（2）对公开收集的云服务信息进行分析，同时采访云服务代理商，了解云服务提供的文件保存与处置功能；

（3）对文件和信息管理专业人员开展在线调查，对问卷进行分析，了解他们在文件和信息存储在云计算环境中文件保存与处置所面临的问题。

## 2. 文献综述

文献综述包括五个主题，分别是：风险分析与风险管控、法律问题、信息治理与云文件、应对云计算研究与拓展新方法以及文件分类。

1）风险分析与风险管控

阿利森·哥广兹（Allison Grounds）和本杰明·齐思布劳（Benjamin Cheesbro）指出因保管政策实施不善以及无法在云计算环境中成功依法保存

而导致的电子取证（eDiscovery）的风险。皮特·杰克西、泉宪昭和桥田浩（Peter Ge'czy，Noriaki Izumi & Köiti Hasida）2013 年指出混合云计算环境产生两大风险：源于公共云部分的数据安全和对数据丢失的管控。阿曼·达塔（Amab Dutta）、阿莱克斯·彭超（Chao Alex Peng）和阿罗克·桥杜里（Alok Choudhary）发现的十大云计算风险中，有两个因素影响到机构对云环境中的文件实施内容管理的能力：对服务不满意时难以更换云服务供应商（供应商锁定）；合同终止时重新迁移企业数据面临困境。

2）法律问题

管理云环境中的信息，意味着保管与处置都不再需要本地存储，却面临全球和跨境存储的问题。这些存储地点通常受各种地区法律尤其是数据隐私法的管控。为应对这种困境，一些云服务提供商将其物理数据中心设置在多个不同的地理区域。梅苏达·拜舍尔（Masooda Bashir）和杰伊·凯森（Jay Kesan）2011 年指出，云服务合同和条款并不能保护客户数据不被云服务提供商滥用或向第三方泄露。露莉亚·杨（Lulia Ion）及其同事 2011年发现他们所期待的隐私条款通常不会写入云提供商的服务协议中。云服务的用户甚至有可能根本不知道他们的数据是否或已经被其他用户访问。例如，2013 年 7 月 23 日，纽约州最高法院下令执行针对 Facebook 用户的381 份搜查令，授权地区检察官及其调查员搜索和抓取由数百名个人用户上传和存储在 Facebook 服务器中的数字信息。由于数字信息具有可替代性、用户可以立即删除信息以及披露后可能导致的其他后果，法院下令对搜查令保密，而且要求 Facebook 不得向其用户披露此次信息搜索与捕获。这个决定对托管云服务（如 Google 文档和亚马逊云服务）的客户意味着，在这种情况下，法院认为，云服务商仅仅是客户文件的保管者或托管者，Facebook 对用户或客户的文件没有达到"法律上的隐私预期"。

3）信息治理与云文件

2009 年，美国文件档案管理者协会（ARMA International）确立了适用于云文件的八大公认文件档案管理通用原则。① 为了实现这些原则，除其他

---

① In the Domestic Drywall Antitrust Litigation，MDL No. 2437，13 - MD - 2437（E. D. Pa. 2014），http：//www. paed. uscourts. gov/documents/opinions/14d0375p. pdf.

问题外，机构必须着重于持续性保存策略的实施和确保数据和元数据移除的处置实施（Hoke，2011）。美国文件档案管理者协会 2010 年制定的信息管控成熟度模型将文件迁移保存过程描述为：在符合其他标准的情况下，对机构中的所有信息予以保存，而不仅仅是正式文件；而迁移处置过程则要涵盖所有介质中的文件和信息。处置由技术辅助并集成到所有应用程序、数据库和存储库中。

为对储存于公共云的文件进行有效的信息管控，"元数据保存"和"保管期限执行"应作为服务协议和合同的两个关键部分（Blair，2010）。私有云可以提供公共云所不能提供的保存与处置能力。例如，惠普下属的自主企业（Autonomy）公司的私有云利用一套基于云的语义管控的解决方案，可使机构在归档、电子取证、合规性、数据保护和文件档案管理中实现强制性的预防性管控（HP Autonomy，2013）。

4）应对云计算研究与拓展新方法

由于云计算模型、产品、服务和提供商的多样性，应对文件保存与处置挑战的新方法也将采取不同的形式。目前，产品说明文档反映出大多数云供应商数据中心的设计符合实体与网络两方面的安全，但对这项研究的调查表明，只有极少数的产品提供了超出保存与处置以外的功能。唐阳（Yang Tang）及其同事 2010 年提出通过文件确定性删除加密技术（FADE）来实现和执行文件保存与处置政策。这项技术也使得在更换供应商时能够方便地完成数据迁移。日立数据系统公司（Hitachi Data Systems）解释说，旗下的日立内容平台（HCP）能确保云计算环境下文件的保存与处置，能够进行文件的诉讼冻结与解冻，并可为多租户架构环境中的数据隔离提供保障（Ratner，2013）。

在调查的云计算产品或服务中，只有少数皆在提供长期保存功能。简·阿斯卡杰（Jan Askhoj）、杉本茂雄（Shigeo Sugimoto）和永森光晴（Mitsuharu Nagamori）2011 年建议对保管信息开放系统（OAIS）进行重新设计——由平台即服务（PaaS）层、软件即服务（SaaS）层、保存层、在云计算环境保存文件的交互层构成（2011）。一家被调查的供应商（Preservica）提供了一套基于 OAIS 模型的实时文件保存解决方案，可提供云托管和本地运行两个版本。Preservica 支持对已导出到 DSpace、CONTENTdm、

SharePoint 和 Outlook 软件包中的文件进行自动化批量导入的工作流程，支持高级网页数据抽取和数字化内容批量导入。

5）文件分类

许多电子文件系统在文件捕获点或登记时识别文件的处置状态和保存期限，即：将文件与基于业务活动的分类相关联的过程。

分类的主题词可应用于聚合体（卷夹或卷盒）；聚合体内包含的每份文件均承接该聚合体的分类主题词。

当分类方案映射到保存要求时，承接的分类则有助于文件聚合体内文件的保存与处置。

国际标准化组织 ISO 16175 第 2 部分 3.6.1 对"处置期限表"做了具体说明："在缺省的情况下，电子文件管理系统必须确保文件聚合体中的每份文件都受到与该聚合体相关联的处置期限表的规限。"而且进一步指出："针对每个文件聚合体，电子文件管理系统均须自动追踪分配给各文件聚合体的保管期限并启动处置过程。"根据国际标准 ISO 16175，聚合体可能与不只一个处置期限表相关联，所以必须自动追踪所有业已指定的保管期限，只有达到保管期限中的最后日期，才能开启处置过程。

相比之下，遵循《电子文件管理通用要求》（MoReq，2010）"分类决定文件命运"原则的系统则将分类与文件保管与处置紧密关联。按照该原则，每个类别都与一个处置方案相关联，而且每份文件都默认从其所在类别中承接处置方案。与某一文件关联的处置方案遵循一次不超过一个的原则，但从其类别中承接的默认处置方案可以重新置换。文件聚合体中的每份文件都可能与其他文件划归不同的分类，因此，可以在不同的时间对文件进行处置。按照"自下而上销毁"的原则，只有当文件聚合体内的所有文件都被销毁且文件聚合体关闭时才能对其进行处置。文件聚合体可以没有处置期限表；只需要一份处置期限表，即与文件关联的处置期限表。

实际工作中，机构生成或接收的所有数字文件中，或许最终只有不超过 5% 的文件会划分到文件保管系统的文件聚合体中。而其余文件则存储在网络驱动器和电子邮件文件夹中，且不会被分类。而且，越来越多的文件将保管在云端（Warland and Mokhtar，2012）。试图从大数据中提取信息的机构和在审查过程中寻找相关文件的律师事务所正在研究新技术以便节省信息分类成本，而方法之一就是预测编码法。

预测编码法是使用机器学习技术，只基于对整个文件集合人工审核后的一个子集，对整个文件集合进行分类，将其划分为响应或不响应两类。这些技术通常将查询的某一特定信息由最可能或最不可能响应对文档进行排列。然后可以使用这个排序将文件分割或划分到一个或多个类别，例如是否有可能响应或者是否需要进一步审核等（Austin，2010）。

在电子取证中使用预测技术的目标与 2010 年描述的相同，但这种技术和法院的观点近些年来有所发展。在 2014 年"国内石膏板反垄断诉讼案"（Domestic Drywall Antitrust Litigation）电子取证裁决中，美国地方法院法官迈克尔·贝尔森（Michael Baylson）强调：辩护人应使用预测编码法和其他"基于计算机程序"（computer based programs）来帮助准备其案件的审理（Favro，2014）。① 而相同的这种技术越来越多地被用于自动化电子文件档案管理过程中（Skamser，2013）。

### 3. 文件档案管理标准与电子系统指南

了解在云计算环境中文件保存与处置所面临挑战的第一步是识别功能要求，系统应对企业所拥有文件的保存和处置具有控制权。电子文件管理的保存与处置功能要求来自以下标准：

> 国际标准化组织 ISO 15489《信息与文献 文件管理》② 第 1、2 部分；ISO 23081《信息与文献 文件管理过程——文件元数据》③ 第 1、2、3 部分；ISO 16175《信息与文献 电子办公环境中文件管理原则和功能要求》④ 第 1、2、3 部分；美国国防部《电子文件管理系统设计评价标准》⑤（DoD 5015.2）；欧盟《电子文件管理通用要求》（MoReq，

---

① I 国内石膏板反垄断诉讼案（n re Domestic Drywall Antitrust Litigation），MDL No. 2437，13 - MD - 2437（E. D. Pa. 2014），http：//www. paed. uscourts. gov/documents/opinions/14d0375p. pdf.

② 该标准的既有译法，本译集不做修改，但其中的"record"应理解为"文件档案"。

③ 该标准的既有译法，本译集不做修改，但其中的"record"应理解为"文件档案"。

④ 该标准的既有译法，本译集不做修改，但其中的"record"应理解为"文件档案"。

⑤ 该标准的既有译法，本译集不做修改，但其中的"record"应理解为"文件档案"。

2010)。

文件档案系统是专门设计用于文件档案管理的，文件档案可保存在某专用存储库中，也可留存于其他受控的存储库。根据国际标准化组织 ISO 15489－1：

> 文件系统应能便于实施文件的保存和处置决定。在任何情况下，应可以对现存文件做出保存与处置决定，包括在文件系统的设计阶段。在适当情况下，也应可以自动激活文件的处置功能。系统应提供审计追踪方法或其他方法来追踪业已完成的处置行为。

电子存储信息（ESI）对"保存"一词的界定是：基于电子文件的价值将其依照预先设定的期限进行储存的行为。保存期限的设定基于若干因素，包括机构的运营需要；管理权限、法律和规章；法律问题，譬如，为当前或未来的审计义务和历史或研究需要而保留文件。机构正式的保管政策均反映在文件保管期限表和配套程序中。

根据国际标准化组织 ISO 15489－2，任何生成或捕获的文件均需选配一个保管期限，清楚地表明文件应该保存多久。从最小的业务处理记录到系统政策和程序文件，文件系统中的所有文件均应满足某种形式的处置期限表的规限。明确标明文件的保管期限和文件处置的触发条件。例如，"在审计后的多少年进行销毁"或"自上次业务处理完毕多少年后迁移归档"。根据国际标准化组织 ISO 15489－1 的规定：

> 即使历经任何类型的系统变更，包括格式转换、硬件和操作系统或在特定软件应用程序间的迁移，所设计的文件系统均应维护文件在整个保管期限中的真实性、可靠性和可用性。
>
> 当一套文件系统停止运行或停用时，可能不会再有文件添加到系统中，但文件应仍可持续访问。文件可能会根据保管和处置规定或转换和迁移策略从系统中强制删除。系统停用过程应被记录在案，因为需要这些细节来维护仍然存储在系统内的文件（包括转换计划或数据映射）的真实性、可靠性、可用性和完整性。

并非所有文件都保存于专用文件系统中。有些还可以保存在电子文件档案管理系统、企业内容管理系统、电子邮件系统和机构特定的业务系统以及诸如社交媒体、云存储和商业应用系统等各种云托管的服务中。根据国际标准化组织 ISO 16175 第 3 部分，除非对文件依据合法授权进行处置，否则业务系统必须阻止销毁或删除那些单独存在或与其他系统相关联的电子文件及相关元数据。业务系统也必须支持根据处置授权制度对文件进行处置，这些制度包括：

（1）允许通过业务系统软件内部功能、通过或自动或手动的外部机制来定义可以应用于电子文件的处置类别；

（2）确保每个类别定义都包含一个处置触发条件、保管期限和处置行为；

（3）支持以下处置行为：审核、导出、迁移和销毁；

（4）允许保管期限被定义为一天至无限期。

国际标准化组织 ISO 16175 中规定的其他业务系统功能要求包括：允许将处置类别应用于文件及其相关元数据和电子文件聚合体（如有）；允许将所有处置行为记录到元数据参数文件中；允许对电子文件、文件聚合体及其相关联的元数据施以处置冻结，防止对受冻结的文件进行删除或销毁，并向系统管理员或其他授权用户提供解除处置冻结的能力。

此外，业务系统必须单独或与其他系统一起，允许在实施处置行为之前对文件进行审核。处置元数据可用于触发自动处置过程，由于被迁移或销毁的电子文件的原因，应予以保存。最后，根据国际标准化组织 ISO 16175，系统应能够生成详细的处置报告，列出处置活动、确认已处置的文件和没有成功销毁的文件。

### 4. 云服务的保存与处置功能

基于上述对功能要求的分析，根据与处置期限表相关的行为对功能要求进行分类，据此设计了一份云服务问卷（见表 1）。问卷假设被审核的系统包含文件，且假设分类方案和处置期限表均已到位。

**表 1　保存与处置功能要求问卷（用于评估具体的云计算产品或服务）**

| 问题编号 | 是 | 否 | 不知道 |
|---|---|---|---|
| **隐私和安全考量** | | | |
| 1. 供应商是否允许对系统和过程进行独立审核？ | | | |
| 2. 文件内容传输到云端时是否加密？ | | | |
| 3. 是否对储存在云端的文件内容加密？ | | | |
| 4. 实体服务器是否位于您所在机构批准的国家、地区或地域之内？ | | | |
| 5. 备份服务器是否位于您所在机构批准的国家、地区或地域之内？ | | | |
| **建立处置期限表** | | | |
| 6. 支持哪些标引功能（能否适应用户的分类标引需求）？ | | | |
| 7. 能否应用保管期限？ | | | |
| 8. 能否自动销毁？ | | | |
| **应用处置期限表** | | | |
| 9. 处置期限表（保管与处置参数文件）是否可以应用于文件聚合体？ | | | |
| 10. 文件可以锁定为只读模式吗？ | | | |
| 11. 文件能否无限期永久保存？ | | | |
| 12. 聚合体外的文件能否在将来某日销毁？ | | | |
| 13. 聚合体外的文件能否在将来某日迁移？ | | | |
| **处置期限表的实施** | | | |
| 14. 能否依据保管和处置期限表删除文件？ | | | |
| 15. 能否依据保管和处置期限表删除备份文件？ | | | |
| 16. 当被删除的文件与文件聚合体内所关联的其他文件因处置期限要求不同而产生冲突时，用户是否会得到警示？ | | | |
| 17. 如果有多个处置期限表与某一文件聚合体相关联，所有这些多重保管要求是否可以追踪？允许以手动或自动方式锁定或冻结处置过程（例如因诉讼或信息公开请求而冻结）吗？ | | | |

续表

| 问题编号 | 是 | 否 | 不知道 |
|---|---|---|---|
| **处置行为的记录** | | | |
| 18. 处置行为是否记录在过程元数据中？ | | | |
| 19. 所有处置行为能否自动记录并报告给管理员？ | | | |
| **处置审核** | | | |
| 20. 提交审核的电子聚合体以及与其相关联的文件档案管理元数据和处置期限表信息的所有内容，加之文件档案管理元数据是否均可审核？ | | | |
| 21. 文件是否可以标记为销毁、迁移和进一步审核？ | | | |
| 22. 在审核期间做出所有决议是否都存储在元数据中？ | | | |
| 23. 系统是否可以生成处置过程报告？ | | | |
| 24. 能否提供与工作流设备相匹配的接口，以便对所提供的或支持的处置期限的设置、审核和导出迁移过程提供便利？ | | | |
| **集成** | | | |
| 25. 元数据方案是否与其他系统（如企业内容管理系统或文件档案管理系统）相兼容？ | | | |

由于云计算服务模型［比如基础架构即服务（IaaS）、平台即服务（PaaS）和软件即服务（SaaS）］、云部署模型（比如私有云、公共云和混合云）和云供应商（比如 IBM、AMAZON 和 Rackspace）众多，因此确定云计算系统中保存与处置功能要求是否存在的任务是复杂的。而参与式公共社交媒体导致文件内容存储在云端社交网络中，这使得事情更为复杂。

2013 年，Forrester 咨询公司在对拥有 500 名以上员工规模的公司的 154 位美国 IT 决策者的调查中问道："如何最恰当地对您所在机构当前正在使用或要实施的云计算服务进行描述？"（Forrester，2013）。78% 的被调查者选择了 SaaS（软件即服务），75% 的人选择了存储/备份服务，70% 的人选择了灾难恢复服务，67% 的受访者选择了智能/分析服务，而选择业务过程的人数占 62%。从回收的问卷看，他们回答的云计算服务中唯独缺少云端文件档案管理服务。当在私有云中使用时，即使是由第三方提供的云计算服务，这也是对机构文件管控提供最多的解决方案。

如表 2 所示，本研究调查了二十多项云计算服务以确定其各项保存与处置功能。

表 2　本研究中调查的云计算服务供应商

| 云存储 | 文件档案管理软件和插件 | 基础架构即服务 | 诉讼支持和电子取证 |
|---|---|---|---|
| Dropbox 企业版；<br>Egnyte；<br>微软 One Drive 企业版 | Collabware；<br>Gimmal；<br>HP Trim | Century Link（Tier3）；<br>GoGrid；<br>Rackspace | NextPoint；<br>CloudNine |
| 归档解决方案 | 协作/内容管理 | 长期数字保存 | 备份和数据保护 |
| ArchiveSocial；<br>Google Vault（email and chats）；<br>Symantec Enterprise；<br>Vault；<br>Smarsh | SharePoint Online；<br>Office365/Exchange/Linc Online | Archivematica；<br>Preservica | CrashPlan；<br>HP Autonomy Live Vault |

其中，HP TRIM（惠普文件管理器）作为"解决方案即服务"予以部署，以使俄勒冈州务卿办公室的政府文件管理更加透明。该产品的设计符合文件档案管理国际标准化组织 ISO 15489：2001 和 ISO 16175 的要素：《电子办公环境中文件管理原则和功能要求》，业经《电子文件管理系统设计评价标准》（DoD 5015.2）认证。由俄勒冈州 Synergy 数据中心和服务公司为该解决方案提供政府私有云储存，由技术集成商 Arikkan 股份有限公司提供技术服务（http：//www. autonomy. com/products/hp‐records‐manager）。

将文件保存与处置功能集成到现有云供应商的产品中，其性能不如预期可靠。对多个云供应商的公开信息和个人联系信息进行仔细分析之后，回答了研究与制定功能要求的调查时提出的问题。例如：

● Rackspace 为客户提供启动、管理公共云或私有云的托管服务，包括设计、构建和运行。收集到的涉及保存与处置的信息与电子邮件托管解决方案有关。每份邮件有 9 个复本，分别保存在多个数据中心，用户无须咨询 IT 团队就可以访问存档的电子邮件，能够找到并恢复删除的电子邮件。

● Smarsh 提供归档及合规性方面的解决方案，对公共和私人社交平台上的社交媒体内容、内部通信、移动通信和网站内容进行归档。Smarsh 支持电子取证搜索或更高级的工作流程监控，能够自动执行依法冻结和保存政策，并强制实施有关文件保管、监控和数据保护的内部管治政策。可以创建规则，随后便可以对要采取的自动操作进行设置，使邮件符合一定的条件（例如标记、分类、委托和执行依法冻结或保存政策）。

● CrashPlanPro 为企业提供备份服务。CrashPlan 可以跨平台和跨操作系统进行数据的自动备份。用户可以自行将数据恢复到任何设备上。数据采用端对端加密形式确保安全，即在数据源、传输期间和储存各个阶段全程加密。数据可以存储在企业内部的私有云环境中，或托管在受控的私有云、公共云或混合云当中。管理员可以强制执行数据保存策略、实施依法冻结、确定备份时间表和调整安全设置。

## 5. 与云服务相关的数据采集分析

通过问卷采集而来的数据旨在对云服务进行评估，得到以下信息。

问题 1~5 与供应商的服务有关。其中，约57%的云服务只对储存在云端的内容进行加密；71%的服务在传输过程中为内容提供加密；约50%的服务允许对系统进行独立的审核；约38%的实体服务器位于客户核准的国家、地区或地域内；约33%的备份服务器位于客户核准的国家、地区或地域内。

问题 6~8 与处置期限表的建立有关。所调查的云服务并未涉及处置期限表，但71.4%的服务允许应用保管期限；47.6%的服务具有自动销毁功能；61.9%的云服务具备标引功能。

问题 9~13 与处置期限表的应用和锁定文件、仅供查看的功能有关。不到一半（47.6%）的服务允许将处置期限表（保管与处置参数）应用于文件聚合体。只有52.4%的云服务允许在未来某一日期对聚合体以外的文件（即单份文件）进行销毁（42.8%）或迁移（42.8%）。

问题 14~17 与处置期限表的执行有关。专门的文件档案管理解决方案，比如，作为服务的 HP Trim 或作为插件的 SharePoint（Gimmal 和 Collabware）

均满足所有这些要求。提供电子取证或合规服务的云服务则在符合保管、处置期限表要求的前提下，允许对文件进行删除和备份，允许对文件施以法律冻结。本节中的问卷回复显示，76.1%的用户允许根据保管、处置期限表删除文件；57.1%的用户允许根据保管、处置期限表删除备份。当要删除的文件与其他文件聚合体相关联、因不同的保管要求而产生冲突时，只有9.5%的服务可以给用户提出警示；33.3%的云服务允许对有多重保管要求的文件进行追踪，如果文件聚合体与多个处置期限表相关联，允许对处置过程通过手动或自动的方式进行锁定或冻结。

问题 18~19 与处置行为的记录有关。该功能很少被提及，因为大多数云计算供应商的模型都侧重于保存客户的文件内容而不是处置行为。然而，57.1%的服务将处置行为记录在过程元数据中；57.1%的服务自动记录处置行为并将其报告给管理员。在某些情况下，导出的元数据是描述性的，而且不包括云保存期间添加的操作性元数据。

问题 20~24 与处置审核有关。专用的文件档案管理解决方案将具有对电子文件聚合体及其文件档案管理元数据和处置期限表进行审核的功能，并对将要销毁、迁移或进一步审核的文件进行标记；审核决议存储在元数据中。其他系统大多将生成报告，还有一些系统可与工作流设备进行接口。调查的解决方案中只有19%的服务预置了对电子聚合体及其元数据和处置期限表信息进行审核的功能；28.6%的服务允许对将要销毁、迁移或进一步审核的文件进行标记；23.8%的服务将审核期间形成的所有决议储存在元数据中；61.9%的服务提供由系统生产处置过程报告的功能；38%的服务提供与工作流设备进行接口的能力，以支持处置日期的设定、审核和导出移交过程。

问题 25 与集成有关。在讨论其产品中使用的元数据方案时，至少有一家供应商表示沮丧，因为尚未有任何行业标准。关于服务的调查表明，只有 33.3%的服务使用了与其系统相匹配的元数据方案，比如企业内容管理系统或文件档案管理系统。在某些情况下，第三方供应商开发连接器，可将云服务与其他产品集成。一种叫做 Vega Unity 的连接器便是例子，它可以从名为 Vega 的咨询公司将 Salesforce Cloudbase 与 ECM 存储库、文件系统、数据库和工作流系统集成。另一案例是 Preservica 包含多个连接器，允许将文件内容从 ContentDM、DSpace、Outlook、Lotus Notes 和 SharePoint 中导入。

### 6. 文件和信息专业用户调查

第三次也是最后的数据收集工作涉及基于网络的调查，并邀请了文件和信息管理人员参与。这项调查于 2015 年 2 月 9 日至 3 月 29 日期间开展，共回收 168 份有效问卷。

1）参与者基本信息

答复者中，文件档案管理者占 60.84%，其次是信息管理专业人员，占 10.24%。企业高管、档案工作者和信息技术专业人士各占总受访者的 2.4%，其次是信息官员，占 1.81%，法律专业人员占 0.6%。

受访者中的大多数在政府部门工作（占 37.13%），其次为专业技术服务人员（占 8.98%），金融和企业界人士占 8.38%；其他行业涵盖教育（占 5.39%），采矿、采石和油气开采（占 5.39%），建筑和制造业（占 4.19%），医疗保健（占 2.99%），批发贸易、零售业（占 1.80%），媒体艺术和娱乐（占 0.60%）。受访者在员工超过 5000 人的机构中工作的占 26.67%；紧随其后的是在员工人数 1000～5000 人的机构工作的，占 24.24%；余下 49.09% 的受访者在员工人数不足 1000 人的机构工作。

2）现有云服务用户的调查回复

参与调查的 168 位受访者中，有 97 人（占 57.74%）表示其机构用过云服务，40 人（占 23.81%）表示没有用过，12 人（占 7.14%）表示不太清楚，1 人（占 0.60%）拒绝回答，18 人（占 10.71%）选择了"其他"选项。"其他"选项的答复中包括云技术服务的使用非有意为之、有限制使用云计算服务或所在机构目前正在考虑使用云计算服务。

使用云计算产品和服务是近期才有的现象，其中 56.82% 的答复表示其机构是在近一至三年内才开始使用，其次是使用云计算产品和服务不到一年的，占 13.64%，只有 25% 的机构使用云服务超过三年以上。

使用中的云模式类型很多。大多数受访者使用私有云（36.14%）；其次是第三方托管的私有云和公共云组成的混合模式（19.28%）；再次是企业自有的私有云和公共云的混合模式（18.07%）；接下来是公共云（12.05%）；最后是政府云（8.43%）和行业云（2.41%）。

当问及机构是否对云端文件内容进行任何处置时，多数（53.75%）回答"否"，27.5%表示不清楚，1.25% 拒绝回答，只有 17.5% 回答"是"。这些受访者对处置产生困惑的原因之一是，事实上在最初做出使用特定云服务的决定时，49.37 的人并未考虑保存与处置，另有 20.25% 的人不知道是否有过这样的考虑。

对保存与处置问题相关的通用问题的回答如图 1、图 2 所示。

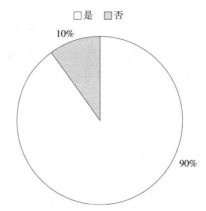

**图 1　已部署云服务的被调查者所在机构中已有保存与处置政策的百分比**

说明：有 97 个被调查者所在机构已部署云服务，其中 83 个予以明确回复。

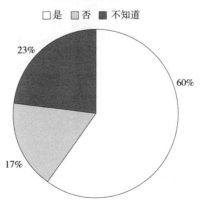

**图 2　已部署云服务的被调查者所在机构中文件仅储存在云端而没有储存在其他地方的百分比**

说明：有 97 个被调查者所在机构已部署云服务，其中 83 个予以明确回复。

有 80 人回答了供应商的服务条款及条件与机构的保存与处置目标和宗旨是否一致的问题，其中 31.25% 回答"是"；17.50% 回答"否"；还有 51.25% 表示不清楚或拒绝回答。两名受访者的意见表明应采取降低与保存和处置有关的风险的立场。对不支持保存与处置的供应商不予考虑。许多与处置期限表和处置行为有关的调查问题也照搬到对云服务供应商的调查问卷中。

对这些问题的回应总结如下（见图 3、图 4）：

（1）隐私和安全考量。近 40% 的云供应商允许对其系统和过程进行独立的审核。超过 49% 的表示内容在传输到云端时被加密，超过 40% 的表示内容在其云端储存时被加密。超过 53% 的机构表示其实体服务器位于客户核准的国家、地区或地域内，而备份服务器位于客户核准的国家、地区或地域内的超过 50%。

（2）建立处置期限表。受访者表示，他们采用的云服务支持以下标引功能：元数据方案（50%）、文件命名规则（45.16%）、分类代码（38.81%）、分类法（29.03%）和保管期限（24.19%）。

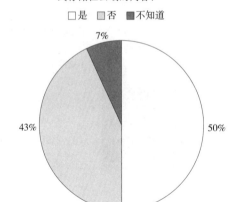

图 3 已部署云服务的被调查者所在机构中保管期限表可应用于云储存文件的百分比
说明：有 97 个被调查者所在机构已部署云服务，其中 44 个予以明确回复。

（3）应用处置期限表。该问题的答复者中有 25% 表示保管与处置规范可以应用于文件聚合体；34.78% 的受访者表示为了审核，可以对文件进行锁

选择云服务时，保存与处置功能是否在考虑范围内？

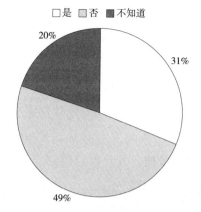

**图 4　已部署云服务的被调查者所在机构选择云服务时考虑保存与处置功能的百分比**
说明：有 97 个被调查者所在机构已部署云服务，其中 79 个予以明确回复。

定；认为文件可以从正在使用的云计算服务中迁移到其他系统的占 56.16%。

（4）处置期限表的实施。超过 45% 的受访者表示可根据保管和处置期限表对文件进行删除，只有 24.29% 的受访者表示可根据同一份保管和处置期限表对备份进行删除。28% 的受访者表示管理员可以对处置行为进行更改或再置，另有 59.70% 的受访者不知道其云服务供应商是否可以进行这一操作。

（5）对处置行为进行记录。近 15% 的受访者表示处置行为记录在过程元数据中，超过 66% 的受访者不知道其机构的处置行为是否可以记录。21.74% 的受访者表示处置行为可以自动记录并向管理员做出报告，近 58% 的受访者不了解其机构的情况。

（6）处置审核。当问及处置之前系统是否会向管理员提交处置通知、使得管理员可以对文件内容和文件管理元数据进行审核时，22% 的受访者回答"是"，55.88% 表示不知道。约有 12% 的受访者表示在审核期间做出的所有决定都存储在元数据中，但 73.91% 表示不知道其机构的情况是否如此。18.84% 的受访者表示其系统可以对处置过程生成报告，60.87% 的受访者不知道其机构所使用的云计算服务的情况是否如此。

（7）集成。当问及元数据方案是否需与其他系统兼容时，29.17% 的受访者回答"是"，57.75% 的受访者表示不知道。针对类似的问题，26.39%

的受访者表示有可能将云供应商的系统与其他系统（如 ECM 或文件档案管理系统）进行整合，但 63.89% 的受访者不了解其机构是否可以这样做。

## 7. 结论

当考虑使用云服务执行机构的文件保存与处置过程时，最好还是采取策略性的方法。开始时尽可能考虑将文件和信息储存在本机构内的策略。了解通过使用云服务可以实现的业务目标，然后考虑生成的文件和信息。制定评估所有信息价值的策略，并且确定信息分类流程，以指定保管期限，编制处置方案（保存和处置期限表）。

一旦对业务目标和所要使用（或已经使用）的云服务有所了解后，使用类似表 1 的问卷对每一个云服务提供的选项进行调查。对收集到的数据进行分析，仔细考虑潜在风险，然后决定风险是否可以接受、降低或完全避免。例如，方法之一是通过社交媒体网络发布内容来降低风险，采用云存档解决方案对社交媒体内容进行捕获和管理，从而使机构符合法律法规的管理要求。

储存在云环境中的"所有"文件必须根据所在机构内的文件档案管理政策得以捕获、管理、保存和访问。依照法律和标准（如 ISO 15489 和 DoD 5015.2）提出的功能要求应用于使用的文件系统，对所有文件进行管理，无论文件储存在企业内还是在云计算环境中。然而，云供应商可能无法满足机构所有保存与处置的要求。

即使文件处于云供应商的管控之下，最终机构还是需要自身对管理的文件负责，承担问责。

文件档案管理指南可以从各种来源获得，包括专业协会等。客户有责任确定特定的云端供应商是否满足其需求。这项任务因所提供的服务不同（例如 SaaS、IaaS 和 PaaS）、云环境不同（例如公共云、私有云和混合云）以及供应商的不同（例如 IBM、Amazon、Microsoft 和 Rackspace）而变得十分复杂。将文件与信息的管控权交给由第三方提供的云服务，必须十二分的小心来确定云服务和供应商的组合。

## 8. 研究前瞻

InterPARES Trust 项目关于云环境中文件保存与处置的研究仍在继续。

项目采用了三种独立的研究方法对文件保存与处置功能进行研究，从现有的标准和指南、从云端供应商出版物和采访中，以及通过对文件和信息专业人员的调查收集相关的数据。本研究对各种云服务中提供的文件保存与处置功能要求的现状提供了有价值的初步认识。然而，这项研究有其局限性。主要的问题是差距分析尚无定论，原因如下：

云供应商调查问卷。由于云供应商不愿或不能对其提供的服务中文件保存与处置功能的问题提供答案，因此这些功能可能存在但尚未确定。此外，自从开展这项研究以来，许多云供应商的词表已经扩展、涵盖了文件档案管理术语，一些云供应商也开始提供保存与处置功能，一些云计算解决方案与企业内容管理系统或文件档案管理系统进行集成的技术正在开发中。类似的研究可能会在不久的将来揭示出迥异的局面。

文件和信息管理用户调查。另一令人担忧的问题是在对文件和信息管理用户调查中，对许多问题的"不清楚"答复的数量。例如，虽然 71 个回复者中有 28.17% 对与其他系统兼容的元数据方案是否存在的问题表示肯定，但 57.75% 的回复者表示不知道。当问及销毁是否可以自动进行时，只有 19.44% 的受访者回答"是"，而 62.5% 的受访者表示不了解。当问及是否可以根据保存和处置期限表对备份进行删除时，24.29% 的受访者回答"是"，但 64.29% 的受访者不清楚。一些答复表明文件管理者持消极态度，因为他们表示自己没有被邀请或没有回答问题的资格。由于目前的研究重点放在对信息管理以及文件管理者在信息管理过程中可以发挥什么作用两个方面，但愿一两年后的类似研究可以少得到些"不清楚"的回复。

对云服务中内置功能诸如引进新产品和新服务、增强现有产品和服务等进行的调查正在进行中。此外，案例研究也在进行中，旨在阐释使机构能够依据保存与处置功能要求对云环境中的文件进行云端保存与处置的成功模型。

## 参考文献

ARMA International. 2010. ARMA International Maturity Model for Information Governance.

http：//www. arma. org/r2/generally – accepted – br – recordkeeping – principles/metrics/metrics – retention.

Askhoj, Jan, Shigeo Sugimoto, and Mitsuharu Nagamori. 2011. "Preserving Records in the Cloud." *Records Management Journal*, 21 (3): 175 – 187. http：//dx. doi. org/10. 1108/09565691111186858.

Austin, Doug. 2010. "eDiscovery Trends: What the Heck Is Predictive Coding?", eDiscovery Daily Blog, 15 December. http：//www. ediscoverydaily. com/2010/12/ediscovery – trends – what – the – heck – is – predictive – coding. html.

Babcock, Charles. 2013. "Gartner: 50% of Enterprises Use Hybrid Cloud by 2017." Information Week, 1 October. http：//www. networkcomputing. com/cloud – infrastructure/gartner – 50 – of – enterprises – use – hybrid – cloud – by – 2017/d/d – id/1111769.

Bashir, Masooda N. , and Jay P. Kesan. 2011. "Privacy in the Cloud: Going Beyond the Contractarian Paradigm." Annual Computer Security Applications Conference, Orlando, FL. https：//acsac. org/2011/workshops/gtip/Bashir. pdf.

Blair, Barclay T. . 2010. "Governance for Protecting Information in the Cloud." In *Making the Jump to the Cloud? How to Manage Information Governance Challenges*, pp. 1 – 4. Overland Park, KS: ARMA International. http：//www. arma. org/docs/hot – topic/ makingthejump. pdf.

Dutta, Amab, Chao Alex Peng Guo, and Alok Choudhary. 2013. "Risks in Enterprise Cloud Computing: The Perspective of IT Experts." *Journal of Computer Information Systems*, 53 (4): 39 – 48.

Favro, Philip. 2014. "Breaking News: Court Touts the Importance of Predictive Coding in Preparing for Trial. Recommind," 20 May. http：//www. recommind. com/blog/2014/05/20/breaking – news – court – touts – importance – predictive – coding – preparingtrial.

Forrester Consulting. 2013. *Building for the Future: What the New World of Cloud IT Means for the Network*. Cambridge, M. A. : Forrester Consulting.

Franks, Patricia C. , and Alan Doyle. 2014. "Retention and Disposition in the Cloud: Do You Really Have Control?" Proceedings of International Conference on Cloud Security Management ICCSM – 2014, The Cedars, University of Reading, Reading, UK, 52.

Ge'czy, Peter, Noriaki Izumi, and Ko iti Hasida. 2013. "Hybrid Cloud Management: Foundations and Strategies." *Review of Business and Finance Studies*, 4 (1): 37 – 50.

Grounds, Alison A. , and Benjamin W. Cheesbro. 2013. "Cloud Control: eDiscovery and Litigation Concerns with Cloud Computing." *Computer and Internet Lawyer*, 30 (9): 23 – 31.

Hoke, Gordon E. J.. 2011. "Challenges to Governing Remote Information. Baseline, 4 October." http://www. baselinemag. com/c/a/IT – Management/Challenges – toGoverning – Remote – Information – 709978/.

HP Autonomy. 2013. "Best Practices for Cloud – Based Information Governance. HP Autonomy." http://www. informationweek. com/whitepaper/Infrastructure/NetworkSystems – Management/making – the – move – to – the – cloud – best – practices – advwp1347981072? articleID 1/4 191705703.

Ion, Iulia, Niharika Sachdeva, Ponnurangam Kumaraguru, and Srdjan Câpkun. 2011. "Home is Safer Than the Cloud!: Privacy Concerns for Consumer Cloud Storage." Symposium on Usable Privacy and Security, Pittsburgh, PA, July 2011. https://www. vs. inf. ethz. ch/publ/papers/iion – cloud – 2011. pdf. http://dx. doi. org/10. 1145/2078827. 2078845.

MoReq. 2010. "Modular Requirements for Records Systems, versioner 1. 1. , DLM Forum Foundation." http://moreq2010. eu/pdf/moreq2010_vol1_v1_1_en. pdf.

Ratner, Michael. 2013. *Introduction to Object Storage and Hitachi Content Platform.* Santa Clara, CA: Hitachi Data Systems. http://www. hds. com/assets/pdf/hitachiwhite – paper – introduction – to – object – storage – and – hcp. pdf

Skamser, Charles. 2013. "Predictive Coding is Expanding to Records Management and Information Governance." http://ediscoverytimes. com/predictive – coding – isexpanding – to – records – management – and – information – governance/.

Supreme Court of the State of New York. 2013. "In Re Search Warrants Directed to Facebook, Inc." http://s3. documentcloud. org/documents/1209711/court – orderon – facebook – search – warrants. pdf.

Tang, Yang, Patrick P. C. Lee, John C. S. Lui, and Radia Perlman. 2010. "FADE: Secure Overlay Cloud Storage with File Assured Deletion." *Security and Privacy in Communication Networks*, 50: 380 – 97. http://dx. doi. org/10. 1007/978 – 3 – 642 – 16161 – 2_22.

Warland, Andrew, and Umi Asma' Mokhtar. 2012. "Can Technology Classify Records Better Than a Human?" Image and Data Manager, 19 December. http://idm. net. au/article/009392 – can – technology – classify – records – better – human.

Weins, Kim. 2014. "Cloud Computing Trends: 2014 State of the Cloud Survey." Rightscale, 2 April. http://www. rightscale. com/blog/cloud – industry – insights/cloudcomputing – trends – 2014 – state – cloud – survey#Hybrid – Cloud – Is – the – Strategy – of – Choice.

# 云信任

## ——基于档案学的视角

埃里克·伯里伦格[*]

蔡盈芳[**]

## 引 言

近年来，越来越多的信息正在"走向云端"，包括文件和档案。然而，很少有从档案学科的视角评估云计算带来的影响的研究（Ferguson‑Boucher and Convery，2011）。"云"是云计算的简称，也是对各种网络服务（在多数案例中是指互联网）的隐喻。云计算可访问一定范围内的不同的计算资源。由美国国家标准与技术研究所（NIST）定义的模型提供了一种呈现和理解云计算的方式（National Institute of Standards and Technology，2009；Mell and Grance，2011）。NIST 模型的核心是它的三个服务模型，包括软件即服务（SaaS）、平台即服务（PaaS），以及基础设施即服务（IaaS）。

为了追求低成本，越来越多的机构把文件转移到云中，并将安全、利用、终置、保存等责任移交给云服务商。然而，这些机构为了保持对文件的控制权（就档案馆而言，则是那些他们受委托管理的需要永久保存的档案）需要付出多高的代价呢？我们也曾看到过云服务提供商有的破产倒闭，有的消失或被并购；也曾有文件丢失，在应被销毁时仍被留存，在共享服务器内被混存，未做备份，或者被分销商或黑客非法访问等情况。不仅如

---

\* 埃里克·伯里伦格（Erik A. M. Borglund），瑞典人，博士，瑞典中部大学科学技术与媒体学院档案与计算机科学系副教授，InterPARES Trust 研究员。参与项目《企业系统治理》。主要研究兴趣：人机交互与信息系统。

\** 译者：蔡盈芳，任职于国家档案局经济科技档案业务指导司。

此，还有其他问题，例如，不能随时对文件的地理位置进行精确定位，甚至不能确定文件属于哪个司法管辖区；无法证明文件的保管链和真实性；当使用第三方服务时，不能确保合法权利和商业秘密得到有效保护；无法对记录进行隔离以实施司法冻结；无法进行审计，无法保证文件的永久保存遵循相关的档案标准。很多机构把云用做文件档案管理或保存系统，这样做存在很多问题，以上列举的仅是其中的一小部分。然而如今这样运用云的机构的数量正在呈指数增长，如果这种现象无法被遏止，至少我们应该努力将其风险降低到一个可接受的程度。

在现有的文献中，关于档案和云服务有若干关注点，包括档案馆提供云解决方案以及云档案馆服务的案例（Askhoj, Nagamori and Sugimoto, 2011）。然而，在科学文献数据库中的检索发现，目前并没有使用 PaaS 或 IaaS 提供电子档案服务的研究，这种服务更类似于传统的外包服务。另外一个趋势是基于云的文件档案管理。基于现代 Web2.0 的业务是鼓励使用云的，讨论在线处理业务不可避免地要涉及云（Stuart and Bromage, 2010）。这也使得云成为档案领域感兴趣的话题。凯瑟琳·斯图尔特和大卫·布罗马奇提出了一系列关于云计算和文件档案管理的问题，这些问题包括：①文件的信任问题；②文件管理中的基本问题；③无法得知文件的存储位置；等等（Stuart and Bromage, 2010）。其中最后一个问题，即文件的存储位置问题不仅仅是档案学科的问题（Benson, Dowsley and Shacham, 2011）。

社会的变化为我们提供了另一视角来看待档案、文件管理和计算之间的关系。自 20 世纪 90 年代以来，信息技术的飞速发展带来的社会变革在档案领域中引起了热烈的讨论（Cook, 1997; Dollar, 1992）。技术进步不会停止，因此，现代网络文化和技术的应用要求我们用新的方法来管理文件和档案（Upward, McKemmish and Reed, 2011）。影响档案领域的新技术之一便是云计算。互联网和新技术已经塑造了移动办公的新趋势，萨里·马可尼将这一趋势作为其研究的出发点，她认为移动办公者和其使用移动技术的新方式给档案和文件管理提出了挑战（Mäkinen, 2013）。现代移动办公的工作人员也是文件档案管理领域云存储和云使用的驱动力量（Mäkinen and Henttonen, 2011）。档案学理论的根基是来源原则，根据穆罕默德·萨卡等人的观点，相比关系数据库而言，在云环境下实现来源原则更具有挑战性（Sakka，Defude and Tellez，2010）。本研究的调查显示，云计算及其构件给档案学带来了若干挑战，其中最明显的是数字文件的信任问题（Duranti and Rogers，2012），而云中的数字文件则存在更多问题。

一直以来，档案工作者被视为可信文件的守护者。本文以档案工作者的视角关注各类云解决方案中的信任问题。然而，随着越来越多的文件存储在云中，档案工作者不能像过去纸质和模拟文件时代一样一直担任守护者，而应该有不同的角色。本文的目的并非聚焦于如何使得数字文件可信——信任问题绝不是仅有技术就能解决的，信任需要不同角色的参与，而档案工作者就是之一。因此本文的目的是探索云计算是否已经改变了档案工作者的角色，研究现代档案工作者应如何应对来自云的问题与挑战。

## 1. 云服务

本文采用 NIST 定义的云服务模型来描述云的特点，该云模型包括五个基本特征、三种服务模型和四种部署模型（Mell and Grance，2011）。基本特征包括按需自助服务、广泛的网络访问、资源共享、快速的可拓展性、可度量的服务；三种不同的服务方式有软件即服务（SaaS）、平台即服务（PaaS）和基础设施即服务（IaaS）；最后，四种部署模型分别是私有云、公共云、社区云和混合云。服务模型和部署模型间相互关联，配合云的五种特征使用。具体如图 1 所示。

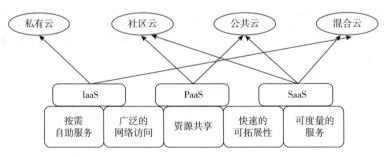

图 1　云的特点及模型间的关系（Vizcayno n. d.）

根据 NIST 的定义，云服务的五个基本特点是构成云的核心要素：

- 按需自助服务，允许用户根据需求获取计算能力；
- 广泛的网络访问，即用户可从任何终端接入互联网；

● 资源共享，使云成为一个多租户模型，可以同时支持多用户使用；

● 快速的可拓展性，用户可以在任何时候根据需要改变计算资源量，并得到云的及时支持；

● 可度量的服务，即用户所使用的资源（存储、处理和带宽等）都是可以精确度量的，可以被监视和控制，并向用户提供服务报告，用户按需付费，从而降低成本。

## 2. 档案学中的信任

尽管本文并不聚焦于数字文件在云中的可信性，但对信任的理解与本研究密切相关。从历史上来看，档案馆一直被视为证据的守护地，要求文件必须可信（Duranti，1996）。我们可以把档案馆看作一个黑箱，其中保存的文件一直处于安全的环境中，保证了每份文件的可信性和凭证价值。文件的可信性很少受到质疑，甚至当文件脱离其来源环境时也是如此，这一点已经在维基解密和爱德华·斯诺登案中得到证明。

斯诺登信息泄密事件与公民对政府文件的信任有关，而政府文件长久以来植根于传统的文件和档案管理之中。斯诺登案中没有一个人质疑被泄露的信息的正确性，这说明了公民对政府文件的信任，即使文件离开其原始背景和保管环境后极其容易被篡改。在数字世界中，文件不再必须处于档案馆的监管之下。仅有部分文件被以文件的名义正式捕获，而且文件中往往没有数字签名，也不存在其他用于保证真实性的手段。如何建立数字世界中的信任这一问题变得迫在眉睫，这也使我们知道信任何等容易丢失。数据开放、公共信息再利用和云存储是当前的大趋势，如何保证文件无论在何时何地转移到新的网络环境中时都能保持可信性和可靠性成为一个重要的问题。

在档案学中，信任是一个基本概念，保证文件的可信性也是一个重要问题。然而很少有研究人员对信任的三个维度（个体、机构和时间）的研究同时感兴趣。文件、信任和证据之间的关系是档案领域讨论的关键问题，它受文化、技术、法律和哲学等多种思想的影响。当把文件看作公平的证据时，文件的价值来源于其生成方式，即文件是作为"活动的副产品产生的，而非活动的有意识的主导者"（Trace，2002）。然而，信任还与文件的构成有关。安内·森德可维斯特认为文件是信任的手段，同时又是被信任的对象。数字文件和纸质或模拟文件的主要区别在于数字文件是逻辑的，而非物理的存在。根据森德可维斯特的说法，信任是关联属性的，因为它总包含一个做出相信行为的主体（人）。信任不仅是关联运算的结果，也是"显性知识的替代物"（Trace，2002）。时间是文件信任的一大挑战，因为我们要保证文件在脱离原始环境后仍然可信，由此产生了各种形式上的手段，例如，日期、签名（文件内）、保管要求（文件外）等（Trace，2002）。在数字环境中，通常使用电子签名等技术手段来保证文件的可信性（Duranti and Rogers，2012），除此之外许多司法技术也可以用来证明文件的可信性。

在互联网这样的数字环境中，信息的信任问题正变得越来越相关（Kelton，Fleischmann and Wallace，2008），尤其是互联网技术的应用已经渗透到现代社会的各个方面。信任可以简单划分为四类：个体的、人与人之间的、关系型的和社会型的信任（Kelton，Fleischmann and Wallace，2008）。莫顿·贺佐姆和其合作伙伴认为信息的信任是人、记录和影响信任的虚拟主体交织形成的混合体（Hertzum et al.，2002）。而在管理类的文献中，信任被看作个体间的关系，是主体互相信任的过程产生的结果。显而易见，可信是一个多维度的概念，有学者曾做过大的样本研究测量机构间的信任（Seppänen，Blomqvist and Sundqvist，2007）。

## 3. 研究方法

本研究采用定性的方法（Taylor and Bogdan，1998；Myers，2009），对12名档案工作者进行采访并做深入分析。受访者的选择标准有两个：①有意愿接受采访；②拥有现代档案管理，包括数字管理的经验。我们利用瑞典档案邮件联络表发送了邀请信，并公布在 Twitter 和 Facebook 上，结果共收到15个回复，我们对其中的12名回复者进行了采访。本研究在瑞典展开，采访也在瑞典进行，可以说采用了适应性选择的方式。采访的问题十分开放，并关注受访者受触发产生的想法。部分采访结果被记录下来以做归纳分析，用来识别问题答复中可能存在的回应模式。该分析使用了定性数据分析软件 Nvivo 10。

尽管在本研究的设计阶段认为国别差异对研究的影响极小，但是由于所有的受访对象都来自瑞典，因此无法排除研究的背景依赖性。云和云的使用是没有国界的，定性研究也是为了提供普适性的研究结果，但同时本研究也是为了展现现有的研究结果以供在类似的条件和背景下借鉴之用。

## 4. 研究成果

研究依照采访问题所呈现的主题对采访结果进行了分类整理。每个主题下都涵盖了所有受访对象的回复中与该类主题相关的内容。

### 1）一般意义上的信任和云

所有的采访都以一个关于信任和云的一般性问题开始，并观察受访者对该问题的自然反应。问题引发了受访者的大量回应，其中一些具有共同性。例如，一位受访者回复道："我们是否能信任我们存储的信息？"其他受访者也做出了类似回应，他们提出的问题包括："我们能否确保信息在云中以正确的方式储存？""我们能否相信云服务提供商？""我们能否确信信息被存储在本国境内？"

在这个案例中，信任是一个多面问题，它既与文件本身有关，也关系到云服务提供商。许多档案工作者认为，制定一份可靠的合同或协议来提高信任度是相当重要的。把关注点放在信息安全和信息安全的管理上是提高信任度的一种有效策略。

另一个更普遍性的问题是，由于云的物理组成对客户是不可见的，因此，事实上云是无形的，也就是说，云服务器被放置在客户不可见的地方。云服务的不可见性使得信任更加难以定义和探讨。在一个有形的档案馆中，可以打开库房门对档案进行检查，如果档案被保管得好，那么档案的提供者就很容易得到信任。而对于云，人们不能完全知道该相信什么，因为人们对云的构成和运作并不十分清楚。有些受访的档案工作者也认为，也许云服务比其他的选择更加值得相信，因为云服务提供商是专业的，但问题是很多时候云的服务提供商的质量并不是那么容易辨别。

2）挑战

机构不断应用新的技术解决方案，进行技术创新，这给档案工作者带来了各种挑战。但实际上，这些挑战中的大部分是问题，只不过受访者将其描述为"挑战"。由于确实难以对这些挑战和问题做出区分，下文将其直接列出：

● 长期性：云服务提供商能够保证提供多长时间的服务？我们今天存储在云服务中的信息，明天还能访问和使用吗？

● 知识：档案工作者对云服务和信息技术没有足够的了解和把控能力，无法明确定义对云服务的要求。因此，机构和云服务提供商签订合同时，相关的责任往往就落到了信息技术部门身上。

● 黑箱问题：即使云服务提供商提供了多种业务方案，这些方案对客户而言仍是黑箱服务，因为对于一个潜在客户而言，很难验证云服务提供商是否能够履行其服务承诺，更无法得知服务商是否有长期保存所需的相关技术系统。

● 信息安全：当信息在云服务中被管理且信息所有者不能有形地接触到所保存的信息时，信息安全的管理就成为一种挑战。

3）云服务提供商的可信性

采访之初提出的问题表明对云服务提供商的信任是问题的关键。然而，信任并不是一个通用术语，因此，如何理解对云服务提供商的信任这一问题值得探讨。通过采访分析发现，这里的信任可以分为以下几类理解。

首先，信任可以被描述为与云服务提供商的关系——一种存在于用户和服务商之间的关系。如果机构之前与云服务提供商有过成功的业务合作经历，那么这种信任就会得到提升。换句话说，有共同合作的历史会起到积极作用。如果云服务提供商距离用户机构近的话，也会容易建立信任。换句话说，对信任的感知与客户（机构）和云服务提供商的距离远近有关。

其次，信任作为一个概念可以被分解为若干个子概念："我们是否能相信云服务提供商不会将存储的信息泄露给别人？"其中的一位受访档案工作者回应道。还有人发问："我们是否能够相信云服务提供商真正了解自己的工作并有能力遵守瑞典相关的档案规定？"这两种不同的信任角度都与云服务提供商有关，但其关注点不同。1/3 的受访者提到了斯诺登案，以此说明为什么对云服务提供商的信任会出现问题。作为客户，你无法真正知道服务商到底会和谁分享你的信息。

4）信任和文件

谈到云服务，自然而然地会将云中文件的信任问题囊括进来。受访的档案工作者一致认为云中文件的信任问题也是所有的数字文件面临的问题。在云服务中，文件是由机构外的合作伙伴进行管理的，更关键的是文件是数字形式的。因此同样的云中文件的信任问题也适用于其他类型的数字文件。在数字环境下，很难保证文件的质量，确保文件的真实性、可靠性、完整性和可用性。然而，这正是云信任的矛盾所在——如果云中的数字文件不值得信任，那么云的商业价值也就不存在了。不过，一些受访的档案工作者也认为比起机构内能力不足的 IT 部门存储和管理的文件，云中的文件的可信性反而要高一些。

5）能力需求

所有受访者都认为云现象会继续存在，同时若没有新的专业知识和技能是不可能在云环境中做好档案管理的。采访中归纳出三种所需的主要技能，这三种技能是并存的而非互斥的，三者是紧密相关的。

● 信息技术知识：档案工作者应该提高他们的信息技术知识。一些档案工作者建议，当代的档案人员应该有一个更加基于信息技术的技能储备库，即，他们应该有信息系统、系统科学和数据库等方面的基础知识。与信息安全有关的知识也是必备的。提高信息技术技能有利于档案工作者与云服务提供商更好地沟通，包括与 IT 专业人员之间的沟通。

● 需求分析：需求分析是一项识别云环境中用户的、机构的和 IT 部门的数字文件档案管理要求的技能。所有档案工作者都认为，他们应具备详细分析需求的技能。而这种技能需要与云服务有关的知识和技术支撑。

● 协议/合同设计：合约设计的技能也是必需的。如果机构决定使用云服务解决方案，与云服务商确定合约是极其重要的。合约不仅是律师和 IT 专业人员的事情，与档案有关的要求也必须包含其中。

6）档案工作者的新职责

由于云环境给档案工作者提出了新的技能要求，那么接下来的问题是，随着云服务使用增多，现代机构中的档案工作者是否承担了新的职责呢？在云出现之前，档案工作者一直被视作可信文件的守护者，档案工作者也是这样要求自身的。然而现在这一角色定位显然需要改变。一位受访者说："档案工作者已经成为整个机构档案利益的守护者，而非单纯的文件守护者。"这一说法可以说是对采访中档案工作新职责的总结。主动性是采访中的另一个常见词语——档案工作者需要明确说明要求、起草协议、帮助制定机构与云服务提供商间的合同。他们还有可能需要制定与云服务相关的机构内规则和规定。这些主动参与的方式要求档案工作者既要通晓各方面的知识，又要具备特定的专业技能。

7）档案工作者的角色会改变吗？

可以说，档案工作者更需要做的是采取积极主动的工作方式，扩大自己的职责范围，而非改变自己守护者的角色。档案人员现在要负责信息的管理和控制，他们不再仅仅是保管人员，而应该是信息管理的控制者。尤其是对云服务而言，信息审计职能非常重要，信息审计要保证机构信息的管理和控制符合相关规定和要求。一些受访的档案工作者看到了这样的机会，即与 IT 部门一起为机构提供云审计的新服务，以确保在云中存储的机构信息资产符合要求。

尽管云的使用改变着档案工作者的角色，但本研究中受访的所有档案人员都认为，根据需求提供文件仍旧是档案人员的职责。档案工作者的另一角色职能也不会改变，那就是档案的鉴定和著录，尽管云环境会降低鉴定和著录对人工的依赖性。

8）使用云的原因

使用云服务的最主要原因是成本。在被问及使用云的原因时有一半的档案工作者表示使用云的主要动机是由于其成本低，而机构有节约成本的需要。然而，在与他们的进一步谈话中发现，这不仅仅是成本高低的问题。服务的价格当然是重要的，但关键是云服务的成本能与其服务级别对应起来。若机构建立自己的服务或将服务托管到受控服务器上，并不能完全确定需要投入的成本的大小，也无法确保是否可以获得对应的服务。而使用云服务，绝大多数的受访者表示他们可以明确成本。云服务的服务和成本比是确定的，即机构明确知道投入多大的成本可以获得什么样的服务。

然而机构的成本指的不仅仅是购买云服务（即数据的存储和管理）的投入。获取技能的成本也是昂贵的，机构可以通过使用云服务最小化其内部所需配备的技能。若采用云服务，机构的 IT 部门无须成为制定符合档案要求的先进存储解决方案的专家。而本来就不具备存储能力的机构更可以选择云存储，这样就无须在机构内配备这样的技能。先进的信息技术和数据文件存储技术的发展变化十分迅速，在这种情况下，小型机构更无法保证自身具备管理档案的能力。

公民和外部用户也会因某种原因使用云服务。档案工作者认为，公共机构正在向服务型部门转变，像开放数据这样的趋势使得公共机构更加渴望尝试和使用基于云的服务。许多公民习惯于使用设备访问自己的服务账户，如 DropBox、Box、iCloud 和谷歌云盘，这是公共机构热衷于云服务的另一个原因。公民要求更易获取方式，这使得云服务的应用更加广泛，因为它使得存储在云中的数据、信息和文件更易获取和利用。公共机构部分员工自己也使用云服务，这也促使了机构内云服务使用需求的产生。云服务的易用性、流畅的访问和灵活性是受访者谈到最多的。

许多档案工作者提到的使用云服务的最后一个原因往往是意识形态上的。许多公共机构认为他们不必在机构内配置 IT 部门，所有此类技术都应以服务的方式进行购买，这样可以简化公共业务，尽可能地使用外包服务。信息技术、经济、人力资源管理和档案都是支撑性的业务过程，都可以采用云服务管理，而不必由机构自己来做。

9）风险承担

受访的档案工作者被问到他们是否认为如今的机构和个人更愿意承担与云服务有关的风险。采访要求他们将云服务中的文件档案管理与其他数字文件档案管理及传统的模拟文件管理做比较。其中八个档案工作者认为，无论是作为个体还是作为机构中的工作者，当使用云服务时，他们愿意承担更多的风险。这其中的原因很难说清楚，但可以梳理出以下几方面的倾向：首先，风险承担是档案工作者和机构决策者法律知识和 IT 能力不足导致的后果。另一些档案工作者认为，风险承担是现代社会滥用信息带来的副作用。另一个原因是云服务的易用性使得他们作为用户愿意承担风险。

一些档案人员也持相反的观点，认为由于云服务提供商的专业性，云服务比其他选择更安全，而且小型机构的 IT 部门可能没有相应的专业人员。所有的受访者都认为长期保存是一个普遍性挑战，因为机构从未真正理解云中文件的长期保存所面临的风险。云的概念难以捕捉，因此机构和个人所愿承担的风险可能会高于其现实所实际承担的风险。当然，机构内自主存储的数字文件也存在风险，但实体档案存在的风险很少被提及。实际上，在最糟糕的情况下，实体档案与存在云中的档案相比风险更大。但受访的档案人员都认为云服务相关的风险也更加难以理解、难以捉摸。

10）规则和制度

当被问及目前的规定和加拿大国家档案法[①]是否支持档案工作者利用云服务时，受访者的观点产生了分歧，出现了两种相反的观点。第一种观点认为现有的规则制度已经足够了，剩下的问题在于各机构如何运用它们。持这种观点的档案工作者显然着眼于现有规则和制度的总括性。第二种观点则完全相反，认为云服务和数字文件是与以往完全不同的新事物，当前的规则完全过时了。但两方都清晰地表明，需要基于当前的规则和制度制定更具操作性的指南。

11）软件即服务、平台即服务、基础设施即服务

采访的最后一部分是试图发现哪种服务模型是最受欢迎的。所有的档案工作者都认为，现实中的服务模型并不像 NIST 区分得那样清晰。受访者所在的机构都没有过同时独立使用 PaaS 和 IaaS 的经历，相反，所有的机构都使用过 SaaS，而且往往是和 IaaS 共同使用的。在瑞典，Saas、PaaS 和 IaaS 这样的术语并未完全为档案领域所接受，受访者也不清楚他们机构的 IT 部门是否使用以上术语。

## 3. 结论

本研究的目的是通过调查研究云计算是否改变了档案工作者的角色以

---

① 加拿大国家档案法，RSC 1958，cl。

及现代档案工作者是如何应对工作中由云带来的问题和挑战的。通过采访有了新的发现：受访者描述了由于云计算和云服务的出现档案工作者角色的改变。过去档案工作者的角色是被动的，他们在信息生成后才发挥作用，而这对于数字文件是不可能的，当遇到云服务时就会有更多的问题出现。受访者认为档案工作者应采取主动的方式保护机构的档案利益而非档案本身，例如，及时跟进机构的要求、确保机构和云服务提供商签订的协议和合同的正确性等。

云服务和云计算不同于其他的数字文件和档案管理技术。这种差异对信任也有很大的影响。与云服务有关的信任问题比较复杂，本研究的发现也表明信任存在多个维度，因此，信任不仅仅是通过技术方法就能够解决的。研究也发现机构承担风险的意愿有所提高，目前的云服务也能给机构提供更便捷、更低价的解决方案。

斯图尔特和布罗马奇提出的关于云计算和文件管理的有关问题并未在本研究中得到完全验证。他们概括的问题主要包括：①文件的信任问题；②文件管理中的基本问题；③无法得知文件的存储位置。其中信任问题未在我们的研究中得到完全证实，正如前文所述，对云服务提供商的信任是一个主要问题。文件管理的基本问题也未得到证明，采访中只有受访者提到文件管理面临的普遍性挑战时做出的少量评论与之相关。但第三个问题确实在我们的研究中得到了验证。

本研究下一步将进行问卷调查，扩大样本范围以进一步解释云服务和信任问题。未来的研究还会探索云服务信任的不同维度。然而，本研究认为不应把云看作档案行业的问题，而应看作形成和推动档案工作主动新模式的起点。我们相信这一档案新模式将有助于档案工作者与时俱进，并创新与云相关的工作方法。

## 参考文献

Askhoj, J., M. Nagamori, and S. Sugimoto. 2011. "Archiving as a Service: A Model for the Provision of Shared Archiving Services Using Cloud Computing." Proceedings of the 2011 iConference, Seattle, WA. http://dx.doi.org/10.1145/1940761.1940782.

Askhoj, J. , S. Sugimoto, and M. Nagamori. 2011. "Preserving Records in the Cloud. " *Records Management Journal*, 21 (3): 175 – 187. http: //dx. doi. org/10. 1108/0956569111118 6858.

Benson, K. , R. Dowsley, and H. Shacham. 2011. "Do you know where your cloud files are?" Proceedings of the Third ACM Workshop on Cloud Computing Security Workshop, Chicago, IL. http: //dx. doi. org/10. 1145/2046660. 2046677.

Blomqvist, K. 1997. "The Many Faces of Trust. " *Scandinavian Journal of Management*, 13 (3): 271 – 86. http: //dx. doi. org/10. 1016/S0956 – 5221 (97) 84644 – 1.

Cook, T. . 1997. "What Is Past Is Prologue: A History of Archival Ideas since 1898, and the Future Paradigm Shift. " *Archivaria*, 43: 17 – 63.

Dollar, C. M. . 1992. *Archival Theory and Information Technologies: The Impact of Information Technologies in Archival Principles and Methods.* Macerata, Italy: University of Macerata.

Duranti, L. . 1996. "Archives as a Place. " *Archives and Manuscripts*, 24 (2): 242 – 256.

Duranti, L. , and C. Rogers. 2012. "Trust in Digital Records: An Increasingly Cloudy Legal Area. " *Computer Law and Security Review*, 28 (5): 522 – 531. http: //dx. doi. org/ 10. 1016/j. clsr. 2012. 07. 009.

Ferguson – Boucher, K. , and N. Convery. 2011. "Storing Information in the Cloud: A Research Project. " *Journal of the Society of Archivists*, 32 (2): 221 – 239. http: //dx. doi. org/10. 1080/00379816. 2011. 619693.

Hertzum, M. , H. H. K. Andersen, V. Andersen, and C. B. Hansen. 2002. "Trust in Information Sources: Seeking Information from People, Documents, and Virtual Agents. " *Interacting with Computers*, 14 (5): 575 – 599. http: //dx. doi. org/10. 1016/S0953 – 5438 (02) 00023 – 1.

Kelton, K. , K. R. Fleischmann, and W. A. Wallace. 2008. "Trust in Digital Information. " *Journal of the American Society for Information Science and Technology*, 59 (3): 363 – 374. http: //dx. doi. org/10. 1002/asi. 20722.

Mäkinen, S. . 2013. " 'Some records manager will take care of it': Records Management in the Context of Mobile Work. " *Journal of Information Science*, 39 (3): 384 – 396. http: // dx. doi. org/10. 1177/0165551512471934.

Mäkinen, S. , and P. Henttonen. 2011. "Motivations for Records Management in Mobile Work. " *Records Management Journal*, 21 (3): 188 – 204. http: //dx. doi. org/10. 1108/0956 5691111186867.

Mell, P. , and T. Grance. 2011. *The NIST Definition of Cloud Computing.* Gaithersburg, MD: National Institute of Standards and Technology. http: //csrc. nist. gov/publications/nistpubs/800 – 145/SP800 – 145. pdf.

Myers, M. D. . 2009. *Qualitative Research in Business and Management.* London: SAGE.

National Institute of Standards and Technology ( producer) . 2009. "Definition of Cloud Computing. " http: //www. nist. gov/itl/cloud/upload/cloud – def – v15. pdf. 126 CJILS / RC-SIB 39, No. 2, 2015.

Sakka, M. , B. Defude, and J. Tellez. 2010. "Document Provenance in the Cloud: Constraints and Challenges. " In *Networked Services and Applications: Engineering, Control and Management*, vol. 6164. ed. F. Aagesen and S. Knapskog, pp. 107 – 117. Berlin: Springer. http: //dx. doi. org/10. 1007/978 – 3 – 642 – 13971 – 0_11.

Seppänen, R. , K. Blomqvist, and S. Sundqvist. 2007. "Measuring Inter – Organizational Trust: A Critical Review of the Empirical Research in 1990 – 2003. " *Industrial Marketing Management*, 36 (2): 249 – 265. http: //dx. doi. org/10. 1016/j. indmarman. 2005. 09. 003.

Stuart, K. , and D. Bromage. 2010. "Current State of Play: Records Management and the Cloud. " *Records Management Journal*, 20 (2): 217 – 225. http: //dx. doi. org/10. 1108/09565691011064340.

Sundqvist, A. . 2011. "Documentation Practices and Recordkeeping: A Matter of Trust or Distrust?" *Archival Science*, 11 (3 – 4): 277 – 291. http: //dx. doi. org/10. 1007/s10502 – 011 – 9160 – 3.

Taylor, S. J. , and R. Bogdan. 1998. "Introduction to Qualitative Research Methods: A Guidebook and Resource," 3rd edition. Chichester, NY: Wiley.

Trace, C. B. . 2002. "What is recorded is never simply 'what happened': Record keeping in modern organizational culture. " *Archival Science*, 2 (1 – 2): 137 – 159. http: //dx. doi. org/10. 1007/BF02435634.

Upward, F. , S. McKemmish, and B. Reed. 2011. "Archivists and Changing Social and Information Spaces: A Continuum Approach to Recordkeeping and Archiving in Online Cultures. " *Archivaria*, 72: 197 – 237.

Vizcayno, D. C. n. d. Danielito C. Vizcayno Blogs. http: //dcvizcayno. wordpress. com/ 2012/04/13/cloud – computing – tips – for – financial – industry/.

# 云服务合同

## ——信任问题

杰西卡·布希

玛丽·德莫林

罗伯特·麦克利兰德*

范冠艳**

## 引 言

基于云的服务正在成为全球机构开展业务活动的关键。云服务提供各种服务模型，客户可以在"云"中购买服务，实现对信息技术（IT）基础架构的可扩展访问，还可以在云中生成、使用、管理和/或存储信息。由于机构使用云服务能以经济实惠的价格通过互联网从任何地方轻松存储和访问大量信息，这使得云服务成为一种有吸引力的选择。但尽管云服务有这样的优势，在很大程度上机构还没有认识到或理解采用云服务的风险，这可能会导致机构无法满足信息和业务文件管理存储的相关立法要求或最佳实践要求。

---

\* 杰西卡·布希（Jessica Bushey），加拿大人，博士，InterPARES Trust 研究助理，现为联合国气候变化框架公约驻德国波恩秘书处档案与文件管理咨询顾问。主要研究兴趣为社交媒体平台与数字摄像的生成、管理与长期保存。

玛丽·德莫林（Marie Demoulin），加拿大人，博士，蒙特利尔大学副教授，InterPARES Trust 研究员。主要研究兴趣为法律与信息科学、数字长期保存、云计算等

罗伯特·麦克利兰德（Robert McLelland），加拿大人，三角洲博物馆与档案馆档案管理员，加拿大不列颠哥伦比亚档案协会秘书长，InterPARES Trust 研究员。主要研究兴趣为档案长期保存。

\*\* 译者：范冠艳，任职于中国人民大学信息资源管理学院。

### 1. 研究过程

本文呈现了 InterPARES ITrust（信任）项目从文件管理、档案学和法律角度对当前云服务合同进行的研究。ITrust 是一个多国多学科合作的研究项目，旨在探索网络环境中数字信息和文件的信任问题。本研究是 ITrust 10号项目"云服务提供商的合同条款"的一部分，主要关注云服务合同满足文件档案管理基本要求的程度。该项目开展的一项前期研究显示，云服务提供商的合同大多数未达到文件档案管理的要求。本研究以此为基础，旨在从档案学的角度进一步探索这一问题，并纳入更强有力的法律框架。云服务提供商提供的条款和协议是否有效满足了文件管理者和档案工作者的需求？这是指导本研究的总体性问题。

本研究首先选定了部分云服务商作为研究对象，针对它们的条款和协议以及现有的文件档案管理标准和法律要求进行了定性分析，然后对分析结果进行讨论并提出了一套初步建议/草案清单供云服务提供商和客户参考。作者并未涵盖 ITrust 10 号项目的所有内容，仅是对项目迄今为止的研究成果的汇报，意在将初步研究结果与文件管理者、档案工作者以及律师和云服务提供商分享，并获得一些反馈。

### 2. 术语

本文中使用的一些术语根据学科观点可能会有所不同。为了保证 ITrust 项目研究的一致性，本文尽可能采用 InterPARES 2 词典中的定义（InterPARES 2 Project，2015）。在涉及文件档案管理标准或立法时，文中尽可能对标准或立法中的术语的使用规范进行解释并提供其定义来源。由于云服务合同中缺乏与客户内容（即数据、信息和记录）相关的标准化术语，因此，在本文中，"数据"指最小的有意义的信息单元。"信息"指在一定空间或时间上用于沟通的数据的组合。"文件"是指在实践活动过程中作为手段或副产品产生的、以备使用或参考的记录。

在档案学中，如果文件具备以下性质，那么这份文件就是可信的：可靠性（即文件可以代表其所记录的事实）、准确性（即文件是明确的、正确的、没有错误或失真）和真实性（即文件与其应有的面貌一致，没有被篡改或损坏）。重要的是，要知道文件的真实性是通过评估其身份（即唯一识别文件并将其与任何其他文件区分开来的整体特征）和完整性（即完整未被改变）确立的。2001 年秋季由国际标准化组织（ISO）发布的文件档案管理标准 ISO 15489 - 1《信息与文献文件管理》将真实性与完整性作为两个独立概念分别阐述，认为真实性是指文件与其应有面貌一致，而完整性是指文件在留存后保持完整未被更改（ISO，2001）。云服务合同中没有标准化的术语来指代保密、隐私和安全。诚然，对这些术语的深入讨论超出了本文的范围，因此，本文提供了 ITrust 项目背景下的相关定义（ITrust 项目对云也有所关注）。保密是指委托给另一人的私人事实将得到保护、未经同意不会被共享的预期。隐私是指对个人信息的访问和使用的控制。安全是指不会出现未经授权访问的受保护的状态。

## 3. 方法

本文采用跨学科的方法，对云服务相关文献以及档案学、文件管理和法律领域的条款和协议进行了回顾。通过文献回顾（将在本文第二部分呈现）确定了关于云合同的关键问题、平衡复杂架构下的云服务客户的特定需求以及大型云服务提供商服务交付的关键点。此外，本文还发现了若干倡议和准则，有助于解决政府部门和机构使用云服务时所面临的挑战。

研究的第二阶段将选定的云服务提供商的条款和协议与文件档案管理标准和法律框架（将在本文第三部分呈现）进行了比较分析（将在本文第四部分呈现）。分析发现了若干问题，特别是云服务提供商的合同里存在多方面的不足，例如，数据对应的元数据的可用性、审计数据的能力、数据存储位置的不确定性等，此外，在数据的销毁和迁移以及确立云中数据的真实性方面也面临困难。本文在第五部分提出了若干建议以解决上述问题。本研究的目的是制定一个要求清单，以指导文件管理者和档案工作者评估云服务商提供的合同，确定其协议是否符合本机构的文件档案管理标准和法律要求。作者认为，较大的机构可能而且能够通过谈判获得较好的服务合同，但是许多较小的机构或机构成员不能或没有机会这样做。另外，文件管理者或档案工作者在机构内与管理部门或 IT 支持部门沟通时也可以使用这份要求清单来传达需求。

#### 4. 文献综述

本研究对相关文献进行了回顾，在不考虑介质因素的前提下探索文件档案管理系统的要求，了解关于云服务协议和法律框架的现存研究以及与云服务协议相关的现有标准。

1）ITrust 10 号项目总结

如前所述，ITrust 10 号项目的初步发现激发了本研究的开展。ITrust 10 号项目选择了来自加拿大、美国和欧洲的九个云服务商，以了解更多地区的情况。项目收集了这些云服务提供商在网络上提供的合同并进行了分析，确定了十五种类型的条款。云服务商提供的合同的每一段都按照是否符合文件档案管理基本需求被分为两类。研究结果显示，大多数云服务商的合同都不符合文件档案管理的基本要求。

2）云计算最新研究成果

作为文献综述的一部分，本文从档案学、文件管理和法律的角度对相关云计算的最新文献进行了回顾，发现云服务条款和协议往往被分解成若干法律文件（Bradshaw，Millard and Walden，2011），包括基础服务文件（例如服务条款）、具体服务的文件（如服务级别协议），以及其他领域文件（如隐私政策和许可使用政策）。此外，研究发现，云服务提供商的协议中几乎没有使用标准化的术语（Baset，2012）。本文还参考了相关法律文献，这些文献研究了云使用中的隐私和安全问题。笔者注意到，目前已经有若干研究对联邦和州政府使用云服务的法律框架进行了探索（Vermeys，Gauthier and Mizrahi，2014）。

3）文件档案管理标准

在确定文件档案管理的要求时，本研究参考了国际组织和机构制定的标准和准则。国际标准组织的报告 ISO 15489 - 1 概述了公共和私营机构中的文件档案管理准则（适用于以任何形式存在或保存的文件档案），成为本研究确定文件档案管理要求的主要来源（ISO，2001）。然而，ISO 15489 - 1 中未涵盖对档案馆保存档案的要求，因此，使用 ISO 14721 等其他来源作为补充（ISO，2012）。

ISO 14721 是 ISO 为开放档案信息系统制定的参考模型，允许指定的群体保存在数字环境中生成和保留的记录和信息（ISO，2012）。本研究使用此标准从档案角度对云服务协议进行分析，主要针对云中可能需要无限期保留的信息。云服务提供商在合同中需要什么条款来支持这种长期保存是一个重要问题。

除了这些标准，本研究还参考了美国文件档案管理者协会（ARMA International）的《文件保管共识原则》（*Generally Accepted Recordkeeping Principles*）（ARMA International，2013）。该原则构建了有效文件档案管理的概念框架。这些原则与国际标准化组织制定的标准，特别是 ISO 15489 - 1 有很大的一致性，但相比之下对理想化的文件档案管理环境的描述较少。

本研究还将欧盟委员会电子文件管理通用要求（Model Requirements for the Management of Electronic Records）（European Commission，2009）纳入进来，因为该要求针对数字环境中的文件提出了指导，例如系统如何实施数字文件的审计跟踪、访问限制、销毁和备份等。

4）云计算合同标准

本研究的文献综述还包括云服务协议的标准化，特别是欧盟委员会最近发布了一份"云服务等级协议标准化指南"（European Commission，2014），该指南指出了信息存储在云服务中时应考虑的问题，并建议将服务等级目标（SLO）纳入服务等级协议（SLA）。指南中提出的服务等级目标的关注点与 ITrust 10 号项目及本研究有很多相同之处。

澳大利亚维多利亚州公共档案馆（Public Records Office Victoria，2012）制定的关于云计算使用的政策中推出了另外一套准则。该政策认为敏感信息的泄露和信息的丢失是使用云的两大主要风险，要求维多利亚州政府机构在使用云之前要针对云实施、相关立法、标准和政策以及机构和云服务提供商之间的协议进行风险评估，以确保数据的安全性，保证数据所有权和控制权仍属于本机构。

## 5. 文件档案管理标准、法律要求和云服务合同比较分析

目前相关立法、法规、政策和标准中都有关于文件档案管理的要求。业务或机构的性质和适用的法律不同，相应的文件档案管理要求（贯穿于文件的生成、接收和存储各个阶段）和支持系统也会有所不同。文件作为

合法经营的证据，支持着机构的主要运作，具有非常重要的价值，必须在其整个生命周期中得到妥善的管理。此外，包含个人或敏感信息的文件在生成、接收或管理过程中必须符合适用的隐私和信息自由立法和法规。由于与云相关的潜在风险，使用云计算服务时需要谨慎，才能对机构的信息和文件档案管理活动起到促进和支持作用。

简而言之，文件档案管理领域的相关研究已经确定了使用云计算服务业务的以下风险：未经授权访问存储在云中的信息和文件；隐私泄露；无法访问或管理存储在云中的信息和文件；存储在云中的信息和文件被更改（影响文件的真实性和完整性）以及在账户管理、服务器位置、数据销毁和恢复方面缺乏透明度等（Ferguson–Boucher and Convery，2011；Public Records Office Victoria，2012）。因此，在实施基于云的服务之前，机构应仔细审查云服务提供商的合同协议，评估风险，确定他们满足机构文件档案管理战略的程度。

在传统外包 IT 服务中，机构可以直接与供应商协商服务内容，而云计算则不同。云计算大规模地引入 IT 服务，利用在线平台通过散布在全球各地的服务器网格传递和输送客户数据，并依赖通用条款和协议来规范与客户的合同关系。因此，客户可能不知道服务基础设施所处的位置以及是否涉及分包商等问题。此外，云计算的分布式特性可能会对违约行为的强制更正造成障碍，特别是在涉及安全和数据隐私的情况下（Public Records Office Victoria，2012）。

从形式上而言，云服务条款和协议会包含在云服务提供商在网站上提供的单个或一组文件中（Bradshaw，Millard and Walden，2011）。一般来说，这些文件通常包括服务等级协议（SLA）、服务条款、许可使用政策和隐私政策。如果云服务是免费提供的，则不包括云服务等级协议（Bradshaw，Millard and Walden，2011）。下文的分析中参考了各种文件，并注明了相应的文件标题。

目前，国际上并不存在与云服务等级协议相关的标准。然而，在地区层面，我们已经提到了欧盟的云服务等级协议标准化指南。此外，国际标准化组织也在制定相应的标准，名为"国际标准化组织/国际电工委员会新提案 19086：信息技术 分布式应用程序平台和服务 云计算 服务等级协议框架和术语"（ISO，2013）。由于没有针对云服务等级协议的相关国际标准，机构和档案部门若考虑采用云计算促进和支持文件档案管理或数字保存，必须在实施之前对云服务提供商的条款和协议进行评估，不仅要考虑自身的文件档案管理要求，也要关注相应的法律责任。

## 6. 文件档案管理要求和云服务提供商的条款及协议

以下分析使用 ISO 15489 – 1《信息与文献文件管理　第 1 部分　通则》来确定机构评估云计算服务时应考虑的文件保管要求。ISO 15489 – 1 是技术中立性的，包括文件系统设计和实施（§8）以及文件管理过程和控制（§9），支持文件生成和维护中的真实性、可靠性和可用性，并能在所需的尽可能长的时间内保护文件的完整性（ISO，2001）。该标准的综合性使其同时适用于处理现行文件（即组织内使用的）和非现行文件（即留存以备将来参考的）。

ISO 15489 – 1 还定义了权威文件的特性，权威文件是指能正确反映所传达或决定的内容或行动，并支持业务需求的文件，权威文件可以用于问责（ISO，2001）。除了内容之外，权威文件还应包含或能链接到相应的元数据，元数据记录了文件的结构和业务环境并能链接参与同一活动的相关文件（§7）。根据 ISO 标准，权威记录的特性包括真实性（即文件与其所称一致）、可靠性（即文件的内容准确，文件的生成者有权限创建该文件）、完整性（即文件能够被证明其在被留存后一直保持完整且未被更改）以及可用性（即文件可以被定位、检索、呈现和解释）。本文将参考 ISO 15489 – 1 定义的这些特性。

此外，国际标准组织于 2012 年发布的 ISO 14721《空间数据和信息传输系统—开放档案信息系统参考模型》（OAIS），将被用于分析云服务提供商及其客户的角色、责任和期望以及与保存环境相关的具体要求（ISO，2012）。ISO 14721 为非档案机构（即云服务提供商）提供了一套概念和框架，以实现非档案机构对文件保存过程的有效参与。

在文件档案管理标准的背景下对云计算条款和协议进行分析，发现了以下方面的关键问题：数据所有权；可获得性、检索和使用；数据留存和终置；数据存储和保存；安全；数据位置和数据传输以及服务结束——合同终止。ITrust 10 号项目根据国际代表性、在线条款和协议的可访问性以及相关资源的可获得性，选定了以下云服务提供商做进一步分析：谷歌云服务平台（美国）、路径通信（Pathway Communications）的 CloudPath（加拿大）和 GreenQloud（冰岛）。<sup>①</sup> 本研究尽力确保采用的条款和协议是云服务提供商提供的最新版本，然而，需要指出的是，条款和协议的更新是十分常见的，云服务提供商有权利通过网站发布新版本更新或修正原条款和协议，若客户继续使用服务则被认定接受该更新（Bradshaw, Millard and Walden, 2011）。

本研究将使用跨学科方法来解决关键问题，确定具体的文件档案管理要求和法律框架，并与选定的云服务提供商的条款和协议进行对比，讨论其满足文件档案管理要求的程度，及其对机构和档案部门文件档案管理活动的影响。

1）数据所有权

在云中被存储或访问的信息以数字形式存在，它们所有权的定义与物理实体不同，至少所有权的转移不会是把信息转录到相应的物理介质上那样简单。<sup>②</sup> 然而，云中的数字信息在一定程度上仍受知识产权、保密或隐私和合同的约束（Reed, 2010）。为简单起见，设定数据所有权与物理介质无关。文件档案管理标准就指出文件可以在物理上由另一个机构存储，而同时其责任和管理控制仍属于生成机构或其他有权限的机构。对于存储在电子系统中的文件，需要将其所有权和存储区分对待（ISO, 2001）。

然而，云中数据所有权是一个复杂的问题，不仅是因为数字信息的无形性质，还因为云计算本身的基础架构——个人或机构可以将他们的信息和文件及其他需求一起委托给云服务提供商，并使用云服务提供商的平台和应用程序来继续生成信息和文件，而提供商也可能为了多种目的（例如数据处理、管理、营销等）生成大量与上述操作相关的信息。

由客户生成并存储在云中的信息不属于服务提供商，这是合理的（Reed, 2010），但是云提供商可以得到授权对这些信息进行特定操作以提供服务。云中有关客户信息和操作的元数据才是最大的问题：这些元数据

---

① 谷歌云平台：数据处理与安全条款，https://developers.google.com/cloud/terms；路径通信公司 CloudPath，http://cloudpath.pathcom.com；GreenQloud，https://www.greenqloud.com。
② 参见 Oxford v Moss,［1979］68 Cr App R 183。

是云服务提供商为了内部目的（管理云并确保服务的使用和质量）生成并拥有的（Reed，2010），但对客户证明数据是否能保持完整性和安全性来说却是至关重要的。除了所有权问题之外，云服务条款和协议中应该明确客户在合同关系期间以及服务结束后是否有权以及如何访问和使用此类元数据。

对云服务条款和协议的分析发现，在关于客户信息和内容的所有权或责任的声明上，缺乏术语和配置的一致性，当机构试图评估多个不同的云服务提供商时，这种不一致性可能会导致混淆。其中谷歌的声明是最清晰的，谷歌在服务条款的一开始就告知用户谷歌作为数据处理者的身份；路径通信对客户数据和在云服务提供过程中生成的信息进行了明确划分，强制宣告了对后者知识产权的所有权；而 GreenQloud 的条款和协议中并没有类似规定。总体而言，三个提供商中没有一个在其条款和协议中提及客户访问内部系统元数据的权利或根据许可证使用元数据的条件。如前所述，如果客户出于文件档案管理目的需要访问内部系统元数据，提供商有权拒绝访问请求或者索要额外的费用。

谷歌云平台的服务条款第 1 节服务提供部分指出谷歌"仅仅是数据处理者"（§1.3）。这表明谷歌自我认定为服务提供商/数据处理者，只根据客户的指示行事。客户/数据控制者负责处理个人信息和客户内容的目的和手段。这种处理过于简化了谷歌与客户间的关系，特别是云服务提供商通常掌握着如何管理和存储客户信息和内容的重要决定。第 3 节客户责任部分规定客户对自己的数据负责（§3.1），特别是在管理知识产权（§3.6）和保护终端用户的隐私和合法权利上（§3.2）。谷歌在服务条款中直接引用了"数字千年版权法案"（Digital Millennium Copyright Act），依赖版权所有者管理其在线知识产权（§3.6）。①

CloudPath 服务条款中的第 8 节客户数据部分规定客户负责数据的存储、维护、保管和控制（§8.3）。路径通信在服务条款的最后，也就是第 20 节知识产权所有权部分指出，云服务提供商拥有其在云服务执行过程中开发的任何知识产权的所有权（§20.1）。

---

① 数字千年版权法案，Pub L 105 – 304。

GreenQloud 的终端用户许可协议和服务条款中的第 5 节客户责任部分指出客户负责客户内容的技术操作（在所提供的云服务支撑下）（§5.1a），按照冰岛隐私和商业秘密法律管理客户内容（§5.1b），并处理与客户内容相关的任何索赔（§5.1c）。

2）可用性、检索和使用

确保机构对云中的信息和文件的可用性以满足机构目前和未来的业务需求是非常重要的，也是机构采用云的驱动力之一。文件档案管理标准（如 ARMA 文件保管共识原则，2013 年）强调文件档案必须能被及时有效地存取和检索。此外，可用性和检索不仅是效率问题，还是一个法律问题，因为它与宪法或法律规定的数据获取权密切相关。更准确地说，可用性是一个事实，访问是一种权利，但是如果没有前者，后者就无法得到满足（Vermeys，Gauthier and Mizrahi，2014）。控制哪些人可以访问数据并保护数据的完整性和保密性更多的是一个安全性问题，随后将会继续讨论。

根据加拿大（见"隐私法"、"个人信息保护和电子文件法"、PIPEDA 以及类似的省级法规）、① 美国和欧洲的数据保护法，个人有权访问机构掌管的与自身相关的个人信息。这里的机构包括公共和私营机构。同样，很多国家的公共部门和政府机构都提供给公民基本的信息获取权，在加拿大是通过"信息自由法"（Access to Information Act）和等同的省级法规给予的，② 美国和欧洲也有类似的立法。根据这些法律，机构必须在一定期限内提供公民所申请的信息，不同的立法规定的期限不同，但一般都在 20～30 天之内。从技术的角度来看，这似乎是非常合理的，但是从行政角度来看，需要考虑处理申请所需的时间、确定申请要求的所有文件，并评估某些信息是否属于法律规定豁免公开的范围。因此，这个行政过程不能因检索或获取方面的技术问题而拖延。存储的数据的可用性也意味着基础设施、硬件和软件的可用性，这有助于数据的检索和可读性（Vermeys，Gauthier and Mizrahi，2014）。当然，机构使用由第三方提供的基于云的服务并不能成为其延迟处理请求的理由。在这种情况下，如果机构无法提供公民请求的数

---

① 隐私法，RSC 1985，c P-21；个人信息保护和电子文件法，SC 2000，c 5.5。
② 信息自由法，RSC 1985，c A-1。1

据，他们仍需负责，接受可能的投诉，甚至受到制裁。

从客户内容的可用性、检索和使用角度对云服务合同条款和协议进行分析，结果表明云服务提供商通常使用服务等级协议（SLA）来提供每月正常运行时间的百分比（即一个月的总时间减去一个月内的停机时间，再除以一个月的总时间），并向客户保证云服务的可靠性和持续性。所选的三家云服务提供商都声称其服务可用性高达 99.99%，并在未能达到服务标准的情况下提供服务补偿。然而，云服务提供商列出了一长串的例外情况，因此判断哪种类型的中断、故障停机、不可用、丢失、延迟问题才构成服务不达标又变成客户的责任。

谷歌云平台单独提供了一份名为"数据处理和安全条款"的文件，文件中同意根据协议条款向客户提供客户数据。此外还有一项附加条款，即当客户无法删除或迁移客户数据时，谷歌可以协助完成，但需要收费。CloudPath 服务等级协议中的第 4 节性能标准部分规定路径通信为其每项云服务（即云服务器托管、云存储、网络和云迁移）提供目标百分比和时间段的相关信息。GreenQloud 的服务等级协议中声明在正常运行时间保证100%的可用性，并在故障停机的情况下对客户进行补偿。符合赔偿条件的停机情况分为三种情况：数据中心故障 20 分钟以上；云实例故障 1 小时以上；公共网络出现任何时长的故障。

3）数据保管和处置

机构内的文件档案管理部门以及档案机构都依赖数据保管和处置期限表来进行信息治理，同时要遵守越来越复杂的法律和监管环境。文件档案管理标准建议由电子系统实施执行机构对文件的留存和终置决定。电子系统应能形成审计线索跟踪终置活动（ISO，2001）。

在某些情况下，终置行为需要将文件从一个电子系统转移到另一个电子系统，且转移不应改变文件的真实性、可靠性、完整性和可用性；文件销毁授权必须做到信息保密，且应包括整个系统和相关元数据中的所有副本（ISO，2001）。由于与客户数据和操作相关的元数据由云服务提供商所有（参见前面有关数据所有权的讨论），这就可能出现问题，因为如果上述元数据对于内部系统管理仍然有用（例如统计信息、服务改进等），服务商有可能拒绝销毁。

对云服务提供商的条款和协议的分析显示，条款和协议中缺乏根据客户规定的期限表或文件档案管理要求留存或删除数据的条款。谷歌云平台的数据处理和安全条款中的第 5 节与数据的更正、阻断、导出和删除有关，其中规定谷歌根据客户所选服务的功能，赋予客户删除客户数据的能力。但同时声明，一旦客户删除其数据，客户将不再能够恢复该数据，且谷歌将在最长 180 天的期限内删除该数据或使客户永久不可访问该数据。若该销毁行为是由法定的处置期限表规定的，那么这种情况将会导致文件的销毁期限被延迟六个月，而客户仍要对此违法行为负责，因为他有义务确保使用相关的程序或服务在法律要求的时间内销毁数据。若依照法律规定客户需要删除特定类型的信息，云合同中需要向客户进一步解释如何实现被删除信息的"永久无法访问"。此外，执法机构是否可通过电子发现请求获得"无法访问"的数据，这一点在云服务条款和协议中也未得到明确。

4）数据存储和保存

文件不再被机构频繁使用之后，文件被存储的方式将影响着质量及用于问责的能力。此外，证据法直接或间接地对数据的处理进行了若干规定，以确保向法庭提供的信息具有有力的证据价值。在大陆法系中（例如魁北克、法国或比利时），电子文件的完整性是其被认定为纸质文件的法定等同物（即"书证"）的正式条件。因此，必须在文件的整个生命周期中保持文件的完整性。

数字信息的长期保存对机构来说是不易的，如何维护文件的长期存储系统也同样具有挑战性，特别是当云存储的基础架构和过程不透明的时候。新的数据格式不断出现，信息技术和文件的使用要求也在不断变化，在这样的情况下维护信息和文件，更需要了解和遵守文件档案管理标准中的长期保存要求。

文件档案管理标准规定，机构选择的电子文件存储系统应保证其保存的文件在任何系统变动中都保持可访问性、真实性、可靠性和可用性。如果系统提供商对系统进行了更改，则应向机构提供审计跟踪和进程元数据（ISO，2001）。由电子文件系统提供商规划的硬件、软件和/或操作系统的迁移和/或仿真不应影响系统内文件的真实性、可靠性和可用性。

分析发现，云服务提供商的条款和协议规定由客户负责应用程序、项目和客户数据的备份。一般来说，云服务提供商将旨在存储数据和文件的行为（不计时间长度）称为备份程序。所有云合同和协议文件中都不存在有关保存行为或保存活动的条款。

CloudPath 条款和协议中的第 8 节客户数据部分声明客户有责任确保客户数据的正确存储、维护、保管和控制，包括定期备份客户数据到非路径通信的系统上以"防止丢失或毁坏"（§8.3）。尽管路径通信承诺进行系统备份，但作为云服务提供商不保证客户访问备份"快照"（snapshots）（§8.1）。路径通信的 CloudPath 提供收费的数据备份服务（§4.3.1、§5.1.4），其中包括对备份会话的完整性检查（§4.2.4），并在 CloudPath 备份系统故障时提供恢复客户数据的服务（§4.6.3）。但是条款还规定了与备份服务和CloudPath 备份系统有关的许多限制（§4.6）。此外，路径通信还明确了定期维护方面的条款，指出定期维护可能会影响客户数据，因此，客户需要在定期维护之前将其数据备份到路径通信以外的地方（§5.1.4）。

GreenQloud 的终端用户许可协议和服务条款中的第 10 节其他安全和备份部分规定客户要负责维护客户内容的适当备份，指出例行保存客户内容是客户的责任。

5）安全

安全是整个电子文件系统中的一种控制措施，可防止对文件的未经授权的访问、破坏、更改或删除。在所有的安全措施中，通过访问控制保护数据的可靠性至关重要。应该对存储在电子系统中的文件进行访问控制，以确保文件的完整性，防止未经授权的访问、使用、更改或破坏。应对输入系统和/或传送给用户的文件格式的任何变动进行详细说明。电子系统应该能够产生审计跟踪和/或访问日志，以证明没有对文件进行过未授权的访问、使用、更改或破坏（ISO，2001）。电子系统应捕获并维护系统内与文件访问、检索和使用相关的元数据，包括嵌入或链接到文件的元数据以及电子系统生成的、与文件档案管理过程相关联的元数据（§8.3.2）。在有系统故障或安全漏洞的情况下，云服务提供商应立即通知客户机构，并提供跟踪记录来证明系统内文件的移动和使用情况（§8.2.3、§9.8.1）。

从法律角度来看，这些安全措施是数据保护立法所要求的，此外还必须考虑省级、国家或国际层面的行业规定，例如，金融市场等部门的相关规定（"萨班斯－奥克斯利法案"或"巴塞尔协议"）。① 文件的凭证价值取决于整个文件生命周期中采取的保持其完整性和真实性的措施，包括安全措施。更具体地说，数据保密是一个非常普遍的法律要求，可以在数百种不同的法律法规中找到（Vermeys, Gauthier and Mizrahi, 2014）。在以下研究中主要关注个人数据的安全性要求。

根据"个人信息保护标准守则"（个人信息保护和电子文件法 PIPEDA 附表 1）中的原则，"机构对其拥有或保管的个人信息负责，包括那些已移交给第三方处理的信息。当信息由第三方处理时，机构应使用合同或其他方式提供保护"（§4.1.3）。这一原则可以在大多数法规中应用以确保对个人数据的保护。数据已移交到第三方的事实并不能转移机构的责任。在这种情况下，合同被认为是确保安全的关键因素（加拿大隐私专员办公室，Office of the Privacy Commissioner of Canada, 2009）。因此，考虑使用云服务的机构应特别注意云服务提供商提供的与安全相关的条款，并检查条款中是否说明了如何通过技术、物理和机构措施确保数据的安全性。

对云服务提供商的条款和协议的分析发现，存在三种解决安全问题的等级。在三个选定的云服务提供商中，只有谷歌在其条款的第 15 节中通过链接单独提供了名为"数据处理和安全条款"的文件。该文件中有详细的安全条款，涉及提供服务的物理基础架构、客户内容以及账户信息（即个人数据）。云服务提供商为客户提供安全措施的程度似乎依赖于所提供的服务类型（例如管理或非管理），以及客户是否支付额外费用的情况。

谷歌云平台的数据处理和安全术语条款包含在第 1 节服务提供中，其中声明所有存储和处理应用程序和客户数据的设施必须遵守"行业"规定的安全标准（§1.3）。在第 4 节数据安全中指出应实施适当的技术和机构措施以保护客户数据免遭意外丢失、非法删除、更改或未经授权的访问（§4.1）。在发生"数据事件"的情况下，谷歌会通知客户，并告知所采取保护客户个人数据的措施（§4.3）。附录 2 安全措施中列出了有关数据中心和网络安全（第 1 部分）、访问和站点控制（第 2 部分）、数据（第 3 部

① 萨班斯－奥克斯利法案是由巴塞尔银行监管委员会发布的关于国际银行监管的一系列建议。

分）的条款。这些安全措施既是物理的，也是虚拟的。谷歌还对以下问题进行了说明：基础架构的安全性、为防止未经授权的人员进入系统和数据中心而采取的措施、谷歌服务器上的多租户环境、管理员和终端用户的访问控制、客户可获取的记录功能（即审计跟踪）以及处理硬件故障和性能错误的过程。

关于访问和保密控制，谷歌认为客户数据是客户的机密信息（§15.15）。除对需访问客户信息来履行协议义务的谷歌员工或同意保密该信息的人外，谷歌不会对外披露客户的信息（§7）。在附录2中，谷歌还明确了谷歌服务器采用的多租户环境，并声明客户可以控制特定的数据共享策略（§3a）。此外，谷歌指出，相关政策和所选服务的性能将使客户能够针对特定目的确定适用于终端用户的信息共享设置。谷歌还向客户提供某些日志功能。这些措辞似乎意味着客户必须将访问控制权限调整为谷歌服务的现有功能，这意味着谷歌可能满足基于文件档案管理标准要求的定制要求。

相比之下，路径通信 CloudPath 服务条款中的第4节服务范围和限制部分囊括了非受管服务的相关条款。具体到安全性方面，路径通信负责硬件（网络、存储和服务器）的物理安全以及托管云服务的软件（§4.1.5）。收费管理服务的条款包括支持服务器监控和响应（§4.3.2）以及防火墙（§4.3.5）。另外还有被视为"专业服务"的额外服务，如迁移服务和恢复客户数据（§4.4、§4.6.3）。第9节未授权访问部分涉及客户数据访问的监控，路径通信拒绝承担任何未经授权访问客户数据的责任（§9.2），并声明客户应负责维护他们的访问凭证的安全性以及在其账户下发生的所有活动（§9.1）。

GreenQloud 的终端用户许可协议和服务条款的第10节其他安全和备份中规定客户应负责维护客户内容的安全保护。在第2节客户账户和第3节许可行为中提到通过客户账号访问 GreenQloud 的服务是客户的责任，无论该活动是由帐号持有人还是其员工进行的。协议和条款中都未提及审计跟踪或访问日志。

6）数据位置和跨境数据流

在云计算中，可以通过在全球范围内使用多个云服务提供商的资源按需提供数据处理和存储服务。因此，关于云计算的法律问题集中在客户数据可能在不同地点和未知管辖区域被存储或处理这一问题上（Bradshaw, Millard and Walden, 2011）。从法律角度看，数据位置的主要问题是数据被存储在客户管辖范围之外。这不仅是数据保护法所关注的问题，也会涉及外国法律，尤其是在该国法律允许调查机构访问云提供商管辖范围内的任何数据的时候。最著名的例子是美国的"爱国者法案"（Uniting and Strengthening America by Providing Appropriate Tools Required to Intercept and Obstruct Terrorism Act）。① 然而，这种担忧往往是基于对这些法律适用不当的假设，需要更详细地研究。

首先，与公众的误解相反，加拿大的隐私法和 PIPEDA 都不会禁止公共或私营机构使用基于云的服务，即使使用云服务意味着在国外传输数据。除了英属哥伦比亚省、新斯科舍省和魁北克省，其他省的法律本身并不限制跨境数据流动（Klein, 2008; Vermeys, Gauthier and Mizrahi, 2014）：

造成这种误解的主要原因是加拿大公众错误地认为加拿大隐私法要求加拿大机构保护个人信息免受外国政府的合法访问。包括加拿大在内的大多数国家都有法律允许政府机构在其管辖范围内为国家安全和执法目的获取个人信息。尽管其中一些国家（如英国）的法律允许政府获取信息的范围可能比美国爱国者法案更广，但各国向类似美国爱国者法案的转变是误解和错误信息的主要来源（Klein, 2008）。

人们通常误以为只有存储在美国的数据才符合爱国者法案，事实上，根据该法案美国政府有广泛的权力访问各种数据，不仅包括存储在位于美国境内的服务器上的数据，还包括由在美国注册的或持续、系统地在美国开展业务的云服务提供商存储在任何地方的数据（Van Hoboken, Anrbak and Van Eijk, 2012; Vermeys, Gauthier and Mizrahi, 2014）。另外，如前所述，美国爱国者法案并不是唯一的，因为包括加拿大在内的其他政府也采纳了类似的法律。因此，无论数据存储在哪里，无论是否在云中，机构可能会受到类似类型的命令，向政府机构披露信息（Office of the Privacy

---

① 爱国者法案，全称《使用适当手段来拦截及阻止恐怖活动以团结并强化美国的法案》，Pub L 107 – 56，115 Stat 272。

Commissioner of Canada, 2005；Vermeys, Gauthier and Mizrahi, 2014）。还必须指出，根据爱国者法案，"一个受法案第 215 节约束的公司不能透露其信息已被联邦调查局搜寻或获取的事实"（Office of the Privacy Commissioner of Canada, 2005）。然而，如果云服务提供商在合同中提到存储在云中的数据可能受到类似披露命令的约束，则可以实现一定的透明度。此外，如果机构选择将个人数据存储在服务提供商的云端，则应通知个人"他们的信息可能在外国处理，并且该管辖区的执法机构和国家安全机构可以访问该信息"（Office of the Privacy Commissioner of Canada, 2009）。

即使法律未禁止在加拿大境外转让个人资料，将个人信息委托给第三方服务提供商时，无论这些提供商在什么地区，机构也应对危及信息安全性和保密性的风险进行评估（Office of the Privacy Commissioner of Canada, 2009）。也有人指出，某些国家、省份或地区限制将某些数据转移到管辖范围之外的可能性。加拿大英属哥伦比亚省和新斯科舍省要求公共机构确保其保管或控制下的个人信息仅在加拿大存储和访问，这将禁止公共机构使用位于国外的云计算服务器。然而，除了列出几种例外情况，这些限制规定并没有详细的说明，也不适用于私人机构（Klein, 2008；Vermeys, Gauthier and Mizrahi, 2014）。魁北克省限制将个人资料存储在省外，简而言之，公共和私营机构必须确保个人数据在当地的隐私法律下能够得到与魁北克省隐私法相当的保护水平。虽然其他省级隐私法、加拿大联邦法律以及欧洲法律也可以提供等效的保护，但是若信息存储在美国就难以保证（Vermeys, Gauthier and Mizrahi, 2014；Klein, 2008）。这对于服务器位于美国的加拿大提供商或服务器位于魁北克的国外提供商都会是个问题。然而，考虑到这种限制性方法带来的实际困难，有学者认为无论服务器位于什么地方，可以通过在存储前使用加密技术来保护数据，以体现遵守上述限制法案的精神（Vermeys, Gauthier and Mizrahi, 2014；Canellos, 2013）。

其次，众所周知，欧盟也针对个人数据在境外的传输颁布了限制性的法律框架，要求目的地国的隐私法提供与 EC95/46《欧盟个人数据保护指令》（*Directive on the Protection of Individuals with Regard to the Processing of*

*Personal Date and on the Free Movement of Such Data*）等效的保护。[1] 欧盟委员会认为根据 PIPEDA 加拿大为从欧盟传输至接收人的个人数据提供了足够的保护，已经给予加拿大正式认定。[2] 在美国，公司会自愿遵守安全港国际隐私原则（Safe Harbor International Privacy Principles），该原则由美国商务部与欧盟委员会协商确定，被认为能够提供足够水平的保护并已得到正式认定。[3]

除上述情况外，根据冲突法的原则，如果当事人没有选择合同适用的法律，在确定诉讼案件适用的法律时，数据的位置也可作为一种标准（Goh，2014）。然而，大多数云服务提供商都有条款说明所选区域的法律用于解决提供商和客户之间争议。一般来说，云服务提供商会选择与自己的法律制度兼容的管辖区（例如，路径通信选择的是加拿大安大略省的法律）。

文件档案管理标准并不涉及管辖区域，通常将其讨论限制在本地。当文件在系统内移动时，电子文件系统应能够跟踪记录文件的位置（ISO，2001）。谷歌云平台服务条款的第 1 节服务提供中声称谷歌有权在美国或其他任何谷歌及其代理维护设施的国家/地区转移、处理和存储应用程序和客户数据"（§1.3、§8.1）。谷歌还提到它已经并将继续参与安全港计划，还将采用符合欧盟 95/46 指令的解决方案（§1.5）。谷歌的服务条款明确规定，客户有义务根据所有适用法律保护其终端用户的隐私权和法定权利，包括告知隐私声明、获得任何所需的同意并通知最终用户数据将由谷歌处理（§3.2）。这些条款还规定，尽管双方有不公开协议，但谷歌将根据适用的法律程序在某些条件下披露机密信息（§7）。

谷歌云平台的数据处理和安全条款中的第 8 节数据传输声明客户可以选择"某些客户数据被永久静态存储的位置"（§8.2）。这些条款看起来与特定服务相关联，但并未明确"永久存储"或"静态"的具体含义。此外，

---

[1] 欧盟 95/46 法令，全称《关于与个人数据处理相关的个人数据保护及此类数据自由流动的指令》[1995] OJ L281。

[2] 欧盟依照 EC95/46 关于认证加拿大个人信息保护与电子文件法提供充分个人数据保护的决定，[2002] OJ L002，13。

[3] 欧盟依照 EC95/46 关于认证安全港国际隐私原则及美国商务部发布的常见问题解答提供充分个人数据保护的决定，[2002] OJ L002，13。

如果客户不是美国城市、县或州政府机构，则与云服务相关的所有主张将受加利福尼亚州法律的管辖，并在加利福尼亚州圣克拉拉县的联邦或州法院提起诉讼（§15.10）。

CloudPath 服务条款的第 28 节适用法律中声明该协议受安大略省法律管辖，所有由云服务引起的争议都将在该特定管辖区内处理（§28.1）。GreenQloud 的终端用户许可协议和服务条款的第 5 节客户责任需要符合冰岛的法律。

## 7. 服务结束：合同终止

如果与云服务提供商的关系结束，机构需要确保可以访问自己的信息和文件，且在第三方系统中留下的任何数据都将被云服务提供商删除（Bradshaw，Millard and Walden，2011）。服务可能被终止的原因有很多，其中一些与云服务提供商或客户采取的行动有关，有些仅仅是依照合同的约定而结束。在采用云服务之前，机构必须了解合同的终止程序。另外需要考虑的是提供商是提供付费服务还是免费服务。付费服务合同涉及服务期限和终止合同的必要步骤，而免费服务没有固定期限，而且云服务提供商有权利关闭非活跃账户。

文件档案管理标准规定文件系统的终止不应对系统曾持有的文件的持续访问造成阻碍。系统提供商应在确保不影响文件的真实性、可靠性、可用性和完整性的情况下从系统中删除所有文件和相关元数据。在账户终止的情况下，文件系统提供商应确保在不影响文件真实性、可靠性、可用性和完整性的情况下将所有文件和相关元数据转移到机构（ISO，2001）。使用第三方服务长期保存文件的档案机构必须有一份正式的应急计划，以防档案机构本身或第三方提供者停止运作（ISO，2012）。

在对所选云服务提供商条款和协议的分析中发现了两种相关但不同的活动：暂停服务和终止服务。暂停通常是为了响应客户违反云服务的行为，需要云服务提供商进行调查，以确定是要恢复服务和对客户内容的访问还是删除账户和客户内容。服务暂停、账户闲置或合约结束都可能导致服务终止。

在谷歌云平台服务条款的第 8 节"术语和终止"中，云服务提供商提供了三种类型的终止活动：违反终止（§8.2）、闲置终止（§8.3）以及方便终止（第8.4节）。终止的后果包括要求客户删除软件、任何应用程序、实例、项目和客户数据，并且根据请求，一方需返回或销毁另一方的机密信息（第8.5节）。如果账户闲置超过180天，谷歌有终止服务的权利（§8.3）。

路径通信的CloudPath在第8节客户端数据中声明客户在暂停或终止服务后将无法访问其数据（§8.1）。另外，除非另有书面更正，云服务提供商可以在账户终止后七天内自动从系统中删除客户端数据（§8.4）。在第14节服务暂停或终止中列出了路径通信可以免责暂停或终止服务的几个原因，包括第三方的未经授权的访问（§14.1.4）和逾期付款（§14.1.6）。路径通信将提供暂停服务的"合理预先通知"，但是如果服务终止，路径通信没有义务退款，并可能会阻止客户访问其数据（§14.2）。在合同违约的情况下，路径通信会将账户终止通知发送给客户（§16）。

GreenQloud的终端用户许可协议和服务条款中的第6节"账户暂停和终止"中指出客户违反协议将导致账户被暂停或终止，且GreenQloud不会退还因此造成的损失。在涉嫌违规行为调查期间，所有帐户均将被暂停。GreenQloud声明在暂停或终止账户前会通知客户。如果账户无故暂停，GreenQloud将提前十四天通知。在第7节"终止效力"中，客户需在终止日之后支付云服务提供商所完成的进程任务的所有费用。服务终止后只有提前购买了终止后服务的客户才能对客户数据进行检索。

## 8. 研究发现和讨论

本研究对选定的云服务提供商的条款和协议进行了详细分析，研究发现一些样板合同没有额外的付费服务，无法满足组织和机构因遵循特定法律而产生的文件档案管理需求。虽然一些协议确实涉及文件档案管理和保存的需求，但很明显这些协议都旨在保护服务提供商，而非客户及其文件需求。这种情况的原因可能是任何人都可以轻松获取云服务提供商的样板协议，因此，有可能使服务提供商面临大量风险，而许多公司提供类似的条款，但在实施方面有所不同，这使得情况更加复杂。服务等级协议中的正常运行时间百分比就是一个最好的例子，不同公司有不同的方法来计算正常运行时间和提供的补偿。有关版权和所有权的条款也是如此，这些条款可以保证客户对自己数据的所有权，却无法掌握服务提供商在提供服务时生成的数据。这可能意味着机构无法使用其在存储和使用期间的文件元数据，从而导致审计和保存的困难。

因此，文件管理者和档案工作者需要确定并建立相关的监管和法律框架，供政府部门、组织和/或机构在采用云服务之前使用。机构需要遵守相关领域的要求并将之视为机构文件策略的一部分，包括公共文件要求、信息自由和保护隐私（POP）要求、问责要求、安全要求、数据位置要求或对跨境数据流的限制、证据要求以及知识和版权保护要求等（Public Records Office Victoria，2013）。私营机构由于不处理公共记录，因此，除 POP 的要求外不会受到严格的监管限制；然而，文件管理者和档案工作者的决策仍然需要基于所需服务的可用性、执行文件保管期限表和处置的能力、文件可靠性和真实性的保证、数据隐私、长期访问和系统安全性。在任何情况下，都应仔细检查与合同终止相关的规定，以确保合约解除后仍能保持数据的真实性，确保留有所有元数据以保持数据的可追溯性，同时要保证客户数据在合约解除后被立即永久性地销毁。

然而，在云服务的背景下，鉴于云的性质，文件档案管理的一些需求或许是不可能的。例如，云技术共享硬件的好处在于能够降低成本，却无法确保信息在必要时以不可撤销的方式被销毁。这是因为存储该信息的基础设施里可能包含来自其他客户的信息，甚至包含同一客户仍然需要的信息，这使得消磁（即消除磁场）、物理破坏甚至擦除成为不可能。另一个可能出现的问题是数据永久存放地（引用谷歌§8.2 的说法）的问题。虽然服务提供商或许能够保证客户的数据将被存储在特定的管辖区域，却难以确保数据不会通过客户不知道或者未授权的管辖区域。可以想象云服务提供商会在传输过程中对数据进行融合或备份，因为服务提供商没有明确向永久存放地的传输过程，也未指出这一过程可能需要多长时间。

## 9. 建议及后续研究

文件管理者和档案工作者与云服务提供商达成协议时应考虑到文件档案管理标准中文件系统的需求。另外需要提醒的一点是，选择云服务解决方案的机构必须履行其法律义务，并遵守法律规定的要求。在这方面，云服务提供商合同中需要解决的具体问题罗列如下，供选用云服务的机构参考。

1）数据所有权

• 谁拥有由客户在云中存储、传输或生成的数据？服务提供者是否有权利使用它们，如果有权利，那么在多大程度上可以使用？

• 谁拥有系统在上传、管理、下载和迁移过程中生成的元数据？在合同关系期间和合同结束后，您是否有权因文件档案管理或法律原因访问这些元数据？

2）可用性、检索和使用

• 服务等级协议是否使用了精确的指标，并提供有关服务可用性的明确信息？

• 数据的可获得性是否符合您的业务需求，并允许您遵守信息自由立法（如果您是公共机构）？是否给予了访问个人数据的权利？是否给予了出于调查、控制或司法目的合法访问您数据的权利？

3）数据保留和处理

• 您的数据（及其所有副本）是否按照您的数据留存和终止时间表进行销毁？如果是这样，根据安全销毁的政策，数据是否被立即永久性地销毁，以防止数据再现？是否在数据完全销毁时确保了数据的保密性？

• 云服务提供商生成的关联元数据的性质和内容是什么？考虑到元数据的性质和内容，该元数据是否需要与您的数据同时销毁，以符合您机构的或法律规定的销毁政策？如果是，服务提供商是否会继续进行这种销毁？

• 系统是否提供让您访问销毁过程的审计跟踪？如果您的内部或法定销毁政策需要的话，您能否获得云服务提供商的销毁认证、报告或删除声明？

4）数据存储和保存

• 谁负责创建客户数据备份和恢复已删除或损坏的数据？

• 文件进行迁移或复制时是否保持了其真实性、可靠性、完整性和可用性方式？系统是否允许您访问关于迁移/复制过程的审计跟踪？

• 服务将如何改进？如果服务的改进影响到了数据的真实性，您会得到通知吗？

5）安全性、保密性和隐私

• 系统是否通过技术、物理和机构措施防止对数据的未经授权的访问、使用、更改或破坏？系统是否提供并让您访问审计跟踪、元数据和/或日志来证明这一点？

• 在出现安全漏洞或系统故障的情况下，您会收到通知吗？

• 服务提供商是否使用分包商的服务？服务提供商是否提供有关分包商身份及其任务的信息？

• 服务提供商对其员工、合作伙伴和分包商的保密政策是什么？

• 对敏感、机密、个人或其他特殊类型的数据是否有特殊的保密或安全政策？

• 服务提供商是否受第三方认证，或由第三方定期、独立进行系统化的审核，以证明该服务提供商遵守其安全、保密和隐私权相关的政策？这种认证或审核过程是否被记录？您是否可以获得相关的认证或审核信息，例如，认证或审核机构的名称、认证证书的有效期等？

6）数据位置和跨境数据流

• 数据（及其副本）的存储位置在哪里？数据是否符合存储地的相关法律规定，特别是隐私法？如果没有，您是否考虑在将数据存储在云中之前使用加密技术？

• 如果数据被移动到您所在的司法管辖区以外存储，您会收到通知吗？

• 合同是否提及云中存储的数据可能会受到国家或外国安全机构的信息披露命令的约束？提供商在披露之前会通知您并征求您的同意（如果法律允许此通知或同意征求行为）吗？

• 协议执行的法律管辖权以及解决争端的方式是什么？

7）服务结束：合同终止

• 合同期限是多久？在什么情况下终止？如何终止？在合同终止前是否有任何事先通知？

• 在合同结束时，无论什么原因，您是否能保证您的数据将以可用和可互操作的方式被返还恢复？这种数据返还恢复的时间有多长，程序有哪些，成本是多少？服务提供商是否为数据返还恢复提供援助？

● 合同结束后，出于文件档案管理和法律要求，您是否有权访问由系统生成的关联元数据，以证明您的数据的保密性、完整性、真实性和可靠性在云存储期间未被更改？

● 合同结束后，在完全确认您的数据被返还恢复后，云服务提供商是否会将您的数据和相关元数据立即永久性销毁，确保该数据无法再被复原？

本文分析了云服务提供商的条款和协议，但研究局限于可以获取的线上资料，没有与云服务提供商进行直接沟通，因此，研究对象多是典型的公共云服务。本文中提供的建议将有助于文件管理者和档案工作者评估现有的云服务提供商合同，识别服务的不足之处，也可用于定制合同或付费服务。

同时，也应认识到，即便客户遵守该建议清单也无法完全确保所达成的协议能完全符合文件档案管理和法律的规定、义务或要求。从文中可以看出，服务提供商可能会提供与文件档案管理需求有关的术语，却会在如何解决这一需求时出现不同，而条款使用的措辞也会倾向于保护提供商而非客户的利益。因此，客户仍然需要积极参与协议的制定过程，因为即使协议在一定程度上涉及文件档案管理，这并不意味着其所述的文件档案管理是安全的，是对用户机构有利的。利用该清单制定或选择云协议的机构应将该清单作为文件档案管理需求的指南，仍需对云服务条款进行风险评估以确定这些条款是可接受的（Public Records Office Victoria，2012）。

尽管上述需求清单帮助进行协议前核查，笔者仍然认为，对于文件管理者和档案工作者而言需求清单不如模板合同更有用。虽然文件管理者和档案工作者都努力采用相同的文件档案管理标准，但不同的法律框架和文化、机构环境、能力和风险偏好使得制定一份通用的模板合同十分困难。本研究提供的清单可以帮助核查云服务合同中应该注意的问题，但这份清单只是一份草案，需要额外的研究来测试查找其中可能存在的不足。

## 参考文献

ARMA International. 2013. "Generally Accepted Recordkeeping Principles." http: // www. arma. org/r2/generally – accepted – br – recordkeeping – principles.

Baset, Salman. 2012. "Cloud SLAs." *Operating Systems Review*, 46（2）: 57 – 66. http：//dx. doi. org/10. 1145/2331576. 2331586.

Bradshaw, Simon, Christopher Millard, and Ian Walden. 2011. "Contracts for Clouds： Comparison and Analysis of the Terms and Conditions of Cloud Computing Services. " *International Journal of Law and Information Technology*, 19 (3)： 187 – 223. http：//dx. doi. org/ 10. 1093/ijlit/ear005.

Canellos, David. 2013. "Adopting the Cloud While Adhering to Domestic and Foreign Government Regulations. " http：//www. safegov. org/2013/10/2/adopting – thecloud – while – adhering – to – domestic – foreign – government – regulations. 152 CJILS / RCSIB 39, no. 2 2015

European Commission. 2009. "Model Requirements for the Management of Electronic Records. " Brussels, Belgium.

——. 2014. "Cloud Service Level Agreement Standardisation Guidelines. " Brussels, Belgium.

Ferguson – Boucher, Kirsten, and Nicole Convery. 2011. "Storing Information in the Cloud： A Research Project. " *Journal of the Society of Archivists*, 32 (2)： 221 – 239. http：//dx. doi. org/10. 1080/00379816. 2011. 619693.

Goh, Elaine. 2014. "Clear skies or cloudy forecast? Legal Challenges in the Management and Acquisition of Audiovisual Materials in the Cloud. " *Records Management Journal*, 24 (1)： 56 – 73. http：//dx. doi. org/10. 1108/RMJ – 01 – 2014 – 0001.

InterPARES 2 Project. 2015. InterPARES 2 Dictionary. http：//interpares. org/ip2/display_file. cfm? doc = ip2_dictionary. pdf.

International Organization for Standardization (ISO) . 2001. ISO 15489 – 1. http：//www. wgarm. net/ccarm/docs – repository/doc/doc402817. PDF.

——. 2012. ISO 14721. http：//www. iso. org/iso/catalogue_detail. htm?csnumber = 57284.

——. 2013. ISO/IEC NP 19086. http：//www. iso. org/iso/home/store/catalogue_tc/catalogue_detail. htm? csnumber = 63902.

Klein, Kris. 2008. "Applying Canadian Privacy Law to Transborder Flows of Personal Information from Canada to the United States： A Clarification. Industry Canada. " https：//www. ic. gc. ca/eic/site/ecic – ceac. nsf/eng/gv00508. html.

Office of the Privacy Commissioner of Canada. 2005. Bank's Notification to Customers Triggers PATRIOT Act Concerns. PIPEDA Case Summary no. 2005 – 313. https：//www. priv. gc. ca/cf – dc/2005/313_20051019_e. asp.

——. 2009. "Processing Personal Data across Borders. Guidelines. " https：//www. priv. gc. ca/information/guide/2009/gl_ dab_090127_ e. pdf.

Public Records Office Victoria. 2012. "Cloud Computing: Implications for Records Management," V. 1. 0. State of Victoria, Australia. http://prov. vic. gov. au/wpcontent/uploads/2012/04/Issues – Paper – Cloud – Computing. pdf.

——. 2013. "Cloud Computing Decision Making," V. 1. 0. State of Victoria, Australia. http://www. unimelb. edu. au/unisec/privacy/pdf/PROVCloud_Computing_Guideline_1. pdf.

Reed, Chris. 2010. "Information 'Ownership' in the Cloud. " Legal Studies Research Paper no 45. School of Law, Queen Mary University of London. http://papers. ssrn. com/sol3/papers. cfm? abstract_id = 1562461.

Van Hoboken, Joris, Axel Anrbak, and Nico Van Eijk. 2012. "Cloud Computing in Higher Education and Research Institutions and the USA Patriot Act. " http://papers. ssrn. com/sol3/papers. cfm? abstract_id = 2181534.

Vermeys, Nicolas, Julie M. Gauthier, and Sarit Mizrahi. 2014. "E 'tude sur les incidencesjuridiques de l'utilisation de l'infonuagique par le Gouvernement du Que 'bec. " Working paper. Laboratoire de cyberjustice, Universite ' de Montre 'al. http://www. cyberjustice. ca/wordpress/wp – content/uploads/2014/08/% C3% 89tudesur – les – incidences – juridiques – de – lutilisation – de – linfonuagique – par – le – gouvernement – duQu% C3% A9bec. pdf.

# 开放政府与开放政府信息中的信任框架构建

## ——基于文件档案管理的视角

瓦莱丽·列维尔

凯瑟琳·蒂姆斯*

范冠艳 李思艺**

## 引 言

开放政府在现代政治体系中已经普遍存在。现代技术、社会媒体平台以及类似工具的出现发挥了重要作用,使得公民与政府间的沟通和交流成为可能,这使得公众获取政府信息的需求快速增长。尽管在某些地区,开放政府被视作满足公民信息需求的一种手段,但开放政府主要标志着向更受公众监督的透明政府的转变。政府鼓励管理者与其对象(公众)进行公开对话,希望能够以此应对日益凸显的挑战——建立政府与公民间的信任。然而,这种信任的形成需要苛刻的条件,包括发布完整、准确和可靠的开放政府信息,而且前提是政府信息必须是在可信任的文件档案管理环境中产生的。

本研究以 InterPARES ITrust 项目的目标为基础。ITrust 是一个国际研究合作项目,旨在建立合理的理论和方法论框架,指导制定本地、国家和国际的文件档案管理政策、程序、法规、标准和法律,以建立基于善治证据、

---

\* 瓦莱丽·列维尔(Valerie Léveillé),加拿大人,硕士,加拿大政府渥太华信息专员,Inter-PARES Trust 研究员。主要研究兴趣为开放政府、信息公开与公众参与。

凯瑟琳·蒂姆斯(Katherine Timms),加拿大人,加拿大图书馆与档案馆信息标准专员,InterPARES Trust 研究员。主要研究兴趣为开放政府、信息公开与公众参与。

\*\* 译者:范冠艳,任职于中国人民大学信息资源管理学院;李思艺,任职于中国人民大学信息资源管理学院。

强劲的数字经济和持续一致的数字记忆的公众信任。

作为本研究的成果之一，本文通过讨论开放政府动议及支持开放政府动议的信息（如政府数据和数据集、开放信息、元数据组件等）所涉及的文件档案管理问题，探索二者中的信任概念。首先，对开放政府和开放政府数据这两个独立又互相补充的概念进行定义，并举例探讨其他类型的开放政府动议，包括目前在加拿大各地区普遍采用的举措；其次，通过分析业务过程，探讨这些开放政府动议对政府文件生成、管理和控制的影响；然后从组织层面对如何应对上述影响带来的挑战提供建议；最后通过上述初步观察，再次回顾第一部分的加拿大案例，探讨其与文件档案管理框架间的关系。

本文对政府开放动议和文件档案管理要求的交集性问题进行了初步探讨，[①] 通过文献综述和初步分析，概述了迄今为止本研究范围内的问题和观点。然而，我们必须承认，本文提出的解决这些问题的方法只是可供文件档案管理者选择的一种，绝不是唯一方法。因此，本研究的下一阶段将不仅对本文提出的方法进行有效性验证，还将对开放政府动议倡导者所采取的其他策略进行探索。

## 1. 开放政府、开放政府信息和加拿大开放政府概况

开放政府和开放政府信息已经成为政府实现"民主责任制和民主审议"的重要工具（Janssen，Charalabidis and Zuiderwijk，2012）。虽然开放政府与开放政府数据正日益趋同，但开放政府数据实际上是"开放政府信息"的构成类型之一，开放政府和开放政府数据是两个不同的概念，有着不同的目标和背景。为了正确理解与这两个概念相关的文件档案管理要求，我们必须在适当的语境中理解其内在性质和特点。因此，本部分还将对支持开放政府动议的加拿大各地区的情况进行探讨。

1）开放政府

简单而言，开放政府意味着利用现代数字技术增加公众对政府信息的

---

① 在更广泛的文件管理框架内关于档案方面的关注虽然很重要，但在本研究中尚未明确探讨。项目组希望将此视角纳入我们未来的研究。

访问。它经常被阐释为对电子政务/政府 2.0 的现代化拓展，但重点已转向通过创新技术平台——而不是仅通过基于网络的电信技术——提供政府信息和服务。开放政府的首要目标是在不同政府部门之间、政府和公众之间创造开放、分享和协作的观念。除电子政务外，开放政府这一概念的基本原则与早期支撑"知情权"或信息运动权利的理念有着极强的关联，后者最终导致了信息自由法（access to information）的立法。在这之前，其他类似的支持言论自由和出版自由的信念也有助于相关行动的兴起。① 在联邦层面，早在 1966 年，信息自由（access - to - information，ATI）立法就在美国出现了，该立法不仅为了增加政府活动和程序信息的获取途径，还旨在减少政府内部的腐败、渎职和贿赂。② 加拿大第一部信息自由法于 1983 年推出。③ 为应对 ATI 类的立法给普通公民隐私带来的风险后果，隐私法在不久之后得以推出，作为一种手段来保护政府文件中可能被发现的个人信息。④互联网、社交媒体的出现和通信技术的创新对 ATI 需求的增长产生了重大影响，其步伐有时令政府和立法都难以跟上。尽管这一观点并不新颖，但是开放政府确实正在重新塑造着政府实现 ATI 的方式，并因此改变着政府与公众的关系。

开放政府使得公民能够获取公共部门信息（即受公共资金资助的、应该向公众开放的信息）和知晓类信息（知晓类信息在一定程度上向公众提供关于政府工作过程、活动和程序的信息），从而实现提高政府透明度的战略目的。政府透明度的提高不仅体现在公民对其群体相关信息获取量的增加上，更重要的是通过这些信息赋予公民监督政府是否履行职责的权力（O'Hara，2012；Ubaldi，2013）。只有首先给予公民自由的、无限制和公正的信息获取权，允许他们对政府进行监督，并且当政府愿意接受监督，敢于承担由于信息公开所暴露出的任何失败、过失和缺点时，政府责任制才能真正实现。真正的责任制反过来又能鼓励公民的支持和参与——这也是

① 有些司法管辖区更早地倡导出版自由。例如，瑞典于 1766 年提出了《出版自由法》。
② 冷战结束后，美国在 1966 年提出了《信息自由法》。它被用做应对秘密和信息限制手段的对策，这些信息限制手段常常被用来保护该国免受外国间谍活动的影响（Yu and Robinson，2012：184 – 85）。
③ 《信息自由法》，RSC 1985，c A – 1。
④ 《隐私法》，RSC 1985，c P – 21。

开放政府的第三个目标。开放政府的举措是独一无二的，因为它是鼓励公民社会对政府活动进行有效公众监督的一种方式，是以实现知识创造和传播的真正民主化为目的的。从这个角度来讲，开放政府也致力于提高公民对政府服务开展和公共政策制定的影响（Scassa，2014），而这种影响将最终助力开放政府长期目标和效益的实现，即加强、建设和培养——在某些情况下重塑——政府与其公民之间的信任关系。①

由于开放政府的理念起源于 ATI 立法，传统上的开放政府多采用被动而非主动的方式进行信息发布——也就是说只有遇到索取信息的要求时才会在法律许可的范围内公开和发布信息。然而，这样的策略往往给政府招来大量的批评，使人们对开放政府战略的真正意图产生怀疑。批评者把这种信息公开方式视作政府加强而非交出公共信息控制权的一种策略。他们认为这种方式会导致现有结构的进一步固化，进而成为向政府民主责任制转变进程中的阻碍（Janssen，Charalabidis & Zuiderwijk，2012）。然而，这种做法正在慢慢发生改变，政府正在扩大开放政府动议的范围，将不同的平台和工具（例如开放式数据门户网站、开放对话论坛）纳入，允许对特定类型的政府信息进行主动或例行发布——我们将在下一部分对这一现象进行探讨。当主动式信息公开和被动式信息公开间的差距变小，而且例行信息公开成为政府普遍采纳的模式时，政府透明和责任制才能真正实现。理想来讲，"开放"的政府概念认可公众对于公共领域和受公共资金资助的信息的知情权，进而支持此类信息的开放和无限制传播，鼓励公众对此类信息的再利用。反过来，这种行为又能够促进开放政府实现其"透明、负责和公众参与"的目标。

2）开放政府数据

严格来讲，开放政府是一个概念、一种意识形态。实践中，政府通常以政策和行动计划的形式来反映这一概念，并通过具体的工具、平台或动议践行。虽然由于可获取的人力、时间和资源不同，各个政府部门在具体

---

① "信任"本身以及政府和公民之间的"信任关系"是一个复杂的概念。探讨在政府和公民之间是否需要建立"信任关系"的基本问题不在研究范围之内。然而本研究认为，"信息公开"只是政府信息的一部分，并不主张以倡导"所有或全部信息"的"无限制获取"的解决方案来建立对政府的信任，而是考虑的一个方面。

操作时采用的方式可能不同，但开放数据和开放数据门户仍然是支持政府信息开放的普遍、常用工具。要了解这些工具是如何使用的，首先必须了解它们包含的内容。

"开放数据"有不同的定义。简单地说，数据，或"最小的有意义的信息单元"在被"任何人自由使用、再使用和再传播，用户只（至多）受限于其对数据的要求，且其利用数据的成果可以共享"（Inter-PARES 2 Project, n. d.；Ubaldi, 2013）时，可以被定义为"开放"。这个定义可适用于许多不同的数据类型，在支持开放信息（包括科学数据、环境/气象数据、数学数据或政府数据）自由传播的各种公共和私有领域都可以被采用和接受。开放数据的概念成为"开放式"运动中的一类，这类运动包括开放获取、开放资源和开放硬件等。这些运动都以"生产开放知识"为共同目标。"开放知识"是指"人们可以脱离任何法律、技术或社会限制而自由使用、再使用和再传播的任何内容、信息或数据"（Open Knowledge, 2014）。

开放数据有四个特点。[1] 第一，用户必须能够以机器可读格式，通过Web界面和平台轻松地访问数据，且不会遭遇任何技术或教育障碍。第二，发布和提供给用户的数据格式必须能够允许用户对该数据进行再利用，包括对该数据进行操作或将其与其他数据集混合使用。第三，开放数据必须达到足够的量级。为了保证开放数据对用户群体有意义和价值，数据必须以一定量级发布，这种量级可以是数量上的（即某一个主题的大量数据）、时间上的（长时间累积的数据）或总量和大小上的。第四，开放数据必须无区别对待其用户，不能存在任何偏见、例外或特权。它必须尽可能地消除各种限制和控制，诸如许可证、版权限制、专利、商标、数据访问和再利用费用等，以保证公众的普遍参与。[2] 从法律和技术两方面来看，自由传

---

[1] 文中提供的特征列表以及开放数据的定义是基于作者对多种不同来源的解释（Janssen, Charalabidis and Zuiderwijk, 2012；Open Knowledge Foundation, 2011, 2012；Thurston 2012b；James, 2013；McDonald and Léveillé, 2014；Ubaldi, 2013；Zuiderwijk et al., 2014）。

[2] "普遍参与"是最终的目标，政府信息公开总是有可能"进一步加深数字鸿沟"的风险，因为只有某些群体才能学会如何使用和充分利用并受益于公开的信息或数据（Janssen, Charalabidis and Zuiderwijk, 2012）。

播的概念也对开放数据起到法律规范作用,自由传播要求信息发布方必须采用合适的公开许可证,以允许数据的自由和公平传播。然而,本研究专门针对由政府机构生产或拥有的数据,即开放政府数据,区别于"公共机构生产或拥有的任何数据或信息"(Ubaldi,2013)。

将政府数据开放就是确定具有公共属性的政府数据和/或信息,并将这些数据提供给公众的做法,以便使这些数据能够以基于其生成之外的目的被重新使用、传播。与 ATI 不同,开放政府数据通常以结构化数据集的形式,主动或例行在 Web 数据门户发布,从而使信息发现和用户交互更加容易。这些数据类型多样,内容也十分多样,涵盖人口统计、健康安全、地理生态、财务细节等各种问题。政府数据的用户群体也同样多样化——用户可能来源于公共或私营部门、学术界和公民组织,也可以是信息技术(IT)专业人员/开发人员、企业家、律师和公民个人等(Ubaldi,2013)。这些用户处理、混合和传播这些数据集,在数据增值环节上起着不可或缺的作用。①

无论信息的增值部分能否转化为新的经济增长、新的公共政策的制定、新的产品或服务的创造,机构在开放政府信息时,都不可避免地要寻求一种投资回报(Janssen,Charalabidis and Zuiderwijk,2012)。最重要的是,开放的政府数据作为一种工具,可以帮助实现开放政府战略的最终目标,即建立政府与公民之间的信任关系。

3)开放数据平台之外:其他类型的开放政府动议

笔者对开放数据的讨论不止涉及开放政府数据和开放数据平台,还将涵盖多种形式的开放政府信息,包括开放政府数据和数据集(二者都是开放政府信息的重要组成部分)、公开信息(例如部长级费用声明、办理完毕的 ATI 请求)、元数据组件等。如今,开放政府战略、开放政府信息以及传播这些信息的不同平台可以有多种形式。

- 开发基于 Web 的应用程序,帮助改进信息传递和政府服务;

---

① 需要注意的是使用开放数据的好处包括数据本身的价值随时间的变化而变化的。虽然政府可能不总是能够预测这些变化,但是为了保持公众参与,他们可能需要迅速适应(Janssen,Charalabidis and Zuiderwijk,2012)。

- 更新 ATI 类立法；
- 通过"开放信息"门户指定特定的政府信息（如费用报告、授标或合同等）进行例行公开，其中包括办理完毕的 ATI 申请的总结概要；
- 创建和使用社交媒体类平台，促进和鼓励政府与公民之间开展公开对话；
- 采用"默认开放"的模式发布政府信息和数据集（Scassa, 2014）。

例如，作为国家行动计划的一部分，美国政府已经致力于政府文件和文件档案管理系统的现代化建设，目前正在努力将其国家安全信息解密。瑞典政府正在努力改进其 Openaid. se 平台，并全面实施"国际援助透明度倡议"（International Aid Transparency Initiative）标准。[①] 英国政府被认为是开放政府运动中的卓越领导者，该政府计划公布一份数据集清单，该清单将涵盖政府已发布和未发布的所有数据集。英国政府还发布了一项公共部门信息（public sector information，PSI）指令，该指令将公共部门信息的再利用写入了英国法律（Open Government Partnership, 2014a, 2014b, 2014c）。这些例子表明，成功的开放政府动议必须包含几种不同的策略，而且政府在这些策略的实施上要保持连续性，必要时进行更新，并定期接受评价和评估。下一部分将介绍加拿大政府是如何应对开放政府挑战的。

## 2. 加拿大开放政府动议概况

目前加拿大在联邦、省级和市级层面有多个政府主导的开放政府动议在实施当中。[②] 不同地区动议的成熟度也不一样。本部分将基于现有的公开

---

① "国际援助透明度倡议"是一个"自愿，多利益相关方的倡议，旨在提高援助，发展人道主义资源的透明度，以提高其解决贫困的效力"（即"2014 年国际援助透明度倡议"）。

② 部分提出的分析是基于对在线公开资源进行文献综述的结果，假设这些资源将公平地代表个别加拿大司法辖区目前正在进行的开放政府动议。因此，这些例子和分析结果为加拿大整体对开放政府动议的全面分析提供了一个初步的起点，尽管文献综述可能存在某些限制（例如，并不是所有相关资源都可以在线获得；这些文件中的许多文件不会提供关于主动性成功感知水平的反馈或结果等）。

信息源对加拿大的部分开放政府动议进行高层面的概述，① 以作为文件档案管理问题研究的背景和起点。基于这部分案例获得的一些文件档案管理方面的初步观察将在后文中进行阐述。

### 3. 联邦层面

加拿大的首个"开放政府行动计划"描述了联邦政府支持开放政府的举措，其中两项基本举措是开放政府指令（2014 年 10 月发布）和开放政府许可证（Canada，2012）。开放政府指令为政府部门提供有关指导，协助它们提供更多的在线信息和数据（Canada，2014b）；而开放政府许可证是通用型的许可证，旨在削减管理费用，消除公开政府信息数据进行再利用时的限制（Canda，2014a）。

开放政府行动计划中的其他活动可分为三类。

1）开放信息

此类活动包括更容易地访问 ATI 申请总结概要；创建以政府文件为主要内容的虚拟图书馆；尽可能消除加拿大图书馆和档案馆持有的历史文件的限制；推进政府发展和实施电子文件及文件档案管理解决方案，即 GC-DOCS；巩固政府网站。

2）开放数据

开放数据门户是各种政府开放数据集（例如地理空间数据和统计数据集）的核心目录集。② 各政府部门和机构负责管理自己的数据集，但需要将其链接至开放数据目录。目录中的数据描述遵循开放数据门户元数据标准（Canada，2014c）。③

其他在线联邦数据资源包括数个地理空间网站，如 Geogratis、GeoConnections 发现门户（GeoConnections Discovery Portal）和 Atlas of Canada

---

① 通常而言，若该地区的开放政府项目更为成熟，在文中的介绍就更为详细。但在市级层面上，为了展现更多的开放政府方式，城市案例的选择是随机的。

② 以前在 data. gc. ca 提供，现在可以通过 http：//open. canada. ca/en（Canada，2014g）的一个常见门户网站获取开放数据集以及公开信息资源。

③ 虽然常见问题解答注意到使用开放数据门户网站元数据标准，但它并没有说明该部门会托管自己的数据。但是当检查站点上的任何 URL 以下载单个数据集时，这一事实是显而易见的。

（Canada，2014e；Natural Resources Canada，2012，2015）。

3）开放对话

此类活动包括一个网络 2.0 公民参与平台，该平台提供公众咨询，同时要求联邦监管机构发布即将实施的监管计划，使加拿大公民和企业提前了解即将发生的变化。

加拿大于 2014 年秋季发布了第二个行动计划，该计划在原有举措的基础上征询了公民的意见。在国际方面，加拿大于 2012 年 3 月正式加入开放政府合作伙伴关系（Open Government Partnership，OGP）。OGP 是一个国际项目，旨在支持政府致力于提高透明度、公民参与和 ATI。[①] 参与国家必须制定本国的行动计划，支持开放政府原则和目标。同时，OGP 设有独立报告机制，对参与 OGP 的国家进行半年一次的审查，参与国必须对审查反馈给予回应。各国也可参加 OGP 工作组，加拿大是开放数据工作组的联合领导者。加拿大还在 2013 年加入了"八国集团公开数据宪章"（G8 Open Data Charter），确定了支持开放数据倡议的五项基本原则，即：在默认情况下尽可能开放数据；应公开高质量数据；应公开可再利用数据；应公开善治数据；应公开创新数据。

## 4. 省级层面

1）英属哥伦比亚省

英属哥伦比亚省的开放政府动议由技术、创新和公民服务部（Ministry of Technology，Innovation and Citizen's Services）管理。"开放信息和开放数据"政策为受政府部门控制的信息的公开发布提供指导、分配责任。该政策的开放信息部分关注信息自由立法下对 ATI 申请回复的主动公开，并指定其他类型的政府信息进行定期发布；而开放数据部分侧重于评估、批准和发布开放数据的手段，以供公众使用、改造和传播。该政策遵循《信息自由和隐私保护法》（*Freedom of Information and Protection of Privacy Act*），数据的发布必须符合该省的开放政府许可制度（British Columbia，2014a）。[②] 该

---

① 虽然在其他国家还有许多政府和开放数据公开计划，但是这些在研究范围之外，因此，不必详细讨论这些举措。

② 《信息自由和保护隐私法》，RSO 1990，c F - 31。

政策的补充性工具包括一份开放数据评估表和开放数据物理格式数据集标准。该省有两个主要网站。

- Open Information。该网站是 BC 省的政府部门根据"开放信息和开放数据"政策要求公开信息的地方（British Columbia，2014b），主要包括信息发布概要和政府官员的旅费信息。
- DataBC。DataBC 包含以下几个相关部分和服务：仓库/中央存储库——储存着 DataBC 保管的数据集；元数据目录——描述由 DataBC 保管或链接的所有数据集；部分工具——用于网络聚合、数据集成、数据可视化分析以及搜索；DataBC 网站——DataBC 提供服务的主要门户（British Columbia，2014c）。参与部门可以选择自己保管数据集，或委托 DataBC 进行保管。

在这种情况下，数据管理的概念、治理和运作得到了很好的发展。管理政府数据是一种组织层面的行为。开放数据被认为是机构数据的一个子集，可以在政府内部实现共享，它本身是所有操作数据（其中一些不能在生成部门之外共享）的一部分。DataBC 的过程有助于确定哪些级别的数据集可能作为开放数据，尤其是在其缺乏法律、安全和隐私考量的情况下。①

2013 年 7 月，英属哥伦比亚省信息和隐私专员办事处（Office of the Information and Privacy Commissioner）编写了一份调查报告，题为"英属哥伦比亚省政府开放政府动议评估"（Denham，2013）。报告书建议制定基础开放政府计划，以更好地实现提高政府透明度和问责制的核心目标。

- 扩大政府信息公开的范围，可以包括工作日历、合同、审计报告等，这需要各部门建立一致的文件类别进行主动公开；
- 扩展现有的 DataBC 计划，纳入更多的外围活动和数据素养活动，确保提供高价值的数据集；
- 采用依规划获取（access - by - design）的原则，做到政府信息

---

① DataBC 的"操作概念"第 5.3 节提供了详细的工作 - 流程图展示了发布数据集（包括评估，分析，通知，优先次序，出版，托管，验证等）的过程中的各个步骤（British Columbia，Ministry of Labour，Citizens' Services and Open Government，2012）。

默认公开，① 档案和文件管理法规现代化，以确保基础开放政府计划的可持续性。②

2）阿尔伯塔省

阿尔伯塔省的开放政府行动于 2012 年启动，是阿尔伯塔省服务的一部分，该部门负责向其他政府部门和阿尔伯塔省公民提供服务。2013 年，政府发布了"开放政府行动计划"（Open Government Action Plan），详细介绍了政府"如何对阿尔伯塔省公民保持负责和透明"（Alberta，Open Government Office，2013）。该行动计划主要内容包括开放更多的政府信息，改善与公民的互动，鼓励和促进公众参与。其活动主要围绕以下三个主题展开。

● 基础举措。该行动计划设立了自己的战略规划和愿景；制定了由阿尔伯塔省服务局领导的治理框架；形成了一份阿尔伯塔省政府协议，协议确认了不同部门将协力支持开放政府计划；制定了一份公务员文化变革计划，明确公务人员在开放政府中的作用和责任。

● 阿尔伯塔公民告知计划。阿尔伯塔省建立了开放数据和开放信息门户以增加公众访问，其中开放信息门户由阿尔伯塔省政府图书馆主导；鼓励发展群体参与政府开放数据合作与创新；建立例行信息公开计划。

● 开展更好的对话。阿尔伯塔省在省政府公共事务局（Public Affairs Bureau）和通信团队的帮助下制定了一个沟通计划；开发了公共教育工具包；制定了一个公民参与计划。

自从该计划发布以来，阿尔伯塔省已经建立了一个开放数据门户，包括由阿尔伯塔省各部门提供的数据集的元数据描述，以及导向外部数据集的链接（Alberta，2012a）。开放的数据都已获得开放政府许可证（Alberta，

---

① 设计访问（AbD）和设计隐私（PbD）是通过将机制嵌入技术，业务实践和物理基础设施的设计规范中来实现访问或保护隐私的方法，两者都是基于访问和隐私保护的基本原则。关于开放政府，一开始就将 AbD 和/或 PbD 纳入信息系统，所产生的系统可以支持公开信息和开放数据要求。
② 需要立法改革以支持现代文件和档案管理，在"无法存档：政府信息管理现代化建议"中进一步阐述。

2012c）。"开放数据集发布指南"（Open Data Set Publishing Guidelines）由三份文件组成，旨在帮助各部门对门户网站做出贡献，包括：一份价值框架，附带一份评估表来帮助评估数据集；一份评估清单表格，在数据发布到门户网站之前用来检验该数据是否符合所有发布标准，并需由相关部门签署（Alberta，Open Government Program，2014）。[①]

阿尔伯塔省还制定了一项开放数据和开放信息政策，其目的是为阿尔伯塔省政府公开信息和数据提供指导、分配责任，以保证在开放政府许可证制度下实现公众对开放信息和数据的使用、改造和传播（Alberta，2012b）。[②]该政策的指导原则是规划开放、高质量数据创新和改善治理。该政策还包括为主动信息公开以及平衡信息自由立法中的信息获取和隐私关系提供指导。[③] 除该政策外，还有开放数据标准作为补充，该标准规定：政府部门公开信息的标准和义务；所需数据特征；强制使用开放数据元数据应用规范；允许的数据格式。

3）安大略省

安大略省正在积极推进开放政府行动。安大略省政府建立了开放政府网站，并提供开放数据服务（Ontario，2014a，2014b）。安大略省的开放数据门户包含数据集和数据集的描述数据。数据集来源于不同的政府部门，涉及环境、教育、旅游、税收、商业、艺术、卫生、就业等不同领域。

安大略省成立了一个开放政府参与小组，其任务是就开放政府动议的规划和实施向政府服务部门的总负责人提供建议。该小组在吸收公众意见的基础上发布了一份报告——《默认开放：安大略省开放新方式》（*Open by Default: A New Way Forward for Ontario*）。该报告汇总了对未来发展方向的建议。该小组已于 2014 年 3 月底解散（Ontario，Open Government Engagement Team，2014）。该报告的建议可分为四个主题。

●共同合作：鼓励并支持公众对政府事务的参与；

---

① 有关更多信息，请参阅开放数据计划，数据价值框架（Alberta，2013b）；数据集评估表（Alberta，2013a）；和开放数据评估清单（Albert，Open Goverment program，2014）。

② 阿尔伯塔省的"开放政府计划 - 常见问题"文件指出，阿尔伯塔省是制定符合"八大开放数据宪章"（Alberta n. d.，1）政策的第一个国家辖区之一。

③ 另参见《信息自由和隐私保护法》，RSA 2000，c F - 25。

- 开放政府信息：改进信息自由框架；发布个人信息清单，该清单中列出的政府收集的个人信息不得因隐私、安全或其他法律原因而被公开；主动公开政府规划文件；以公开格式公布立法程序的结果；
- 使数据成为公共资产：实施默认开放数据政策；坚持规划原则，确保新采购的 IT 系统支持开放数据；将安大略省的开放数据门户与更广泛的 IT 企业基础架构相结合，以支持更全面的数据管理；发展伙伴关系，以促进公共数据的创新再利用；开发新的数据集，以支持地方、区域和省级重点社会和经济需求；
- 实施和可持续性：任命内阁资深官员负责开放政府动议任务；在开放政府秘书处增加两个常设小组，即公共参与小组和数字专门知识中心；制定衡量开放政府进展情况的指标。

4）纽芬兰与拉布拉多

纽芬兰与拉布拉多区在 2014 年 3 月成立了一项开放政府动议，其目标是"改善政府信息和数据的获取；加强公民和利益相关者对政府事务的整体参与；加强政府部门内部和各部门之间的合作"（Newfoundland and Labrador，2014a）。该动议由公共参与办公室（Office of Public Engagement）领导，由四项主题构成，每个主题都建有自己的网站。

- 开放信息。主动公开政府信息，包括对信息获取申请的回复、议会指令、部长级费用声明、成员责任、信息公开报告以及招标情况等。网站上还以主题分类的方式公开了其他信息（Newfoundland and Labrador，2014g）。
- 开放数据。表格和空间数据集由政府部门和机构提供，经纽芬兰与拉布拉多统计局处理后在网站上公布，通常附有元数据描述。网站还有一些数据可视化应用程序（Newfoundland and Labrador，2014e），① 同时采用了开放政府许可证（Newfoundland and Labrador，2014d）。
- 对话。该网站包含与公众参与计划有关的材料，包括咨询结果

---

① 与当前公开政府倡议，社区账户网站预先交谈。自 1996 年以来一直提供公众获取不同来源的社会经济政府数据以及解释性参考资料和支持工具（Newfoundland and Labrador，2014b）。

和演示反馈。公共参与办公室负责协调建设纽芬兰与拉布拉多首个公开政府行动计划，该网站是协调机制的一部分（Newfoundland and Labrador，2014c）。

● 合作。本网站提供了关于纽芬兰与拉布拉多政府与其他政府部门、组织和群体间的合作计划的详细信息（Newfoundland and Labrador，2014a）。

5）其他省份/地区

其他省份/地区的开放政府动议不如以上几个省份那样成熟。例如，萨斯喀彻温省（Saskatchewan）没有以省为主导的开放政府动议。此外，在许多省份，政府数据项目仅仅集中在地理空间数据上。① 魁北克省政府曾宣布其成为开放政府的意向（Quebec，2014a），并在省政府发布的一份报告中提出了相关的计划，其中包括建立开放数据门户（Gautrin，2012）。目前该门户已经建立起来，包含有关数据集和数据集元数据（Quebec，2014b）。数据集最初采用开放政府许可证的方式公开，但最近被魁北克、蒙特利尔、加蒂诺（Gatineau）和舍布鲁克市（Sherbrooke）共同采用的创意公共许可证取代（Quebec，2014c，2014d）。

## 5. 市级层面

加拿大许多城市发起了开放政府动议，特别是在公开数据方面采取了相关行动。② 2011 年 G4 非正式伙伴关系成立，由多伦多（安大略省）、温哥华（不列颠哥伦比亚省）、埃德蒙顿（阿尔伯塔省）和渥太华（安大略

---

① 见"马尼托巴土地倡议"（Manitoba，2014）；GeoNOVA，新斯科舍省地理门户（Nova Scotta，2014）；GIS 数据层（Prince Edward Island，2014）；地理学（Yukon，2011）；地理学中心（Northwest Territories，2014a）；地球科学办公室——研究、分析、信息（Northwest Territories，2014b）；加拿大努纽夫特地球科学办公室（Nunavut，2014）。
② 已经编制了几份市政举措清单，可在加拿大的开放数据（Canada，2014f）和开放数据上查阅。此外，利亚姆·詹姆斯·库里（James，2013）完成了题为"加拿大市政开放数据计划的作用：多城市评估"的硕士论文，其中研究了现有的市政公开数据计划，以评估其在开放政府中的作用，包括详细评估所发布的数据类型和市政方案面临的挑战。本论文包括十个加拿大大城市的详细案例研究：多伦多，安大略省；埃德蒙顿，阿尔伯塔省；渥太华，安大略省；蒙特利尔，魁北克；北温哥华，不列颠哥伦比亚省；密西沙加，安大略省；里贾纳，萨斯喀彻温省；圭尔夫，安大略省；弗雷德里克顿，新不伦瑞克省；汉密尔顿，安大略省。

省）四个城市组成，其目的在于合作推进开放数据标准和做法（Giggey，2012）。此外，安大略省政府成立了公共部门开放数据工作组，由来自各市的代表和其他合作伙伴（例如，MaRS 发现区，即 MaRS Discovery District）组成，负责制定共同的开放过程和格式。① 由于篇幅有限，本文无法对所有市级政府的开放数据动议进行介绍，因此，重点选择了以下三市，以做示例。

1）多伦多市

多伦多市于 2012 年发布了"开放数据政策"，该政策概述了该市的开放数据计划的有关原则、定位和职责，专注于以可再利用的格式公开数据（Toronto，Corporate Information Management Services，2012）。该计划是该市企业信息管理项目的一部分，被列于"信息管理框架"之下（Toronto，City Clerk's Office，2013）。该框架体现了基于标准管理信息的方法，其原则有四个：问责制、开放性、生命周期管理、信任和可靠性。多伦多市的开放政府数据作为机构信息管理的一个要素，与该市的信息管理框架相一致，体现了整体性、综合性的方法。

开放数据政策遵循了安大略省信息和隐私专员办事处开发的"依规划获取"（access by design）和"依规划保护隐私"（privacy by design）原则。数据集通过多伦多公开数据目录发布，遵守"市信息自由和保护隐私法"以及其他适用法律中确定的隐私权、安全和保密规定，且符合开放政府许可证的要求（Toronto，2013a，2014b）。②

"开放数据政策"规定，各部门的执行主管负责与多伦多的开放数据团队就数据集发布过程合作，根据相关规划和评估实践确定可以发布的数据集。多伦多开放政府委员会（Open Government Committee）负责治理和监督开放数据计划，其团队包括市政办公室和信息技术部门的工作人员，其任务是"按照开放数据政策对数据集进行评估和监督，并对发布顺序的优先级进行排序"（Toronto，Corporate Information Management Services，2012）。

多伦多市制定的 2013 ~ 2018 年度的 26 个战略目标中，第 13 项为"依

---

① 尽管有一些网页资源，但这个工作组的参考资料很少。
② 目录包括数据集的元数据描述以及数据集本身。《市政信息的信息和隐私保护法案》，RSO 1990，c M - 56。

规划开放政府"（Open Government by Design），其重点在于转变组织文化，支持更负责任、公开和透明的政府（Toronto，2013b，2013c）。像"开放数据政策"一样，这一战略行动遵循规划原则，与信息管理框架相一致，指明了在各个层面上整合技术和信息管理的必要性，认为培训和整体意识是实现目标的重要和必要部分，同时设计了评估机制和指标来评估进展情况。该市将开放政府视作信息管理项目的一部分，因而确立了信息管理作为开放政府的基础和推动力的重要地位。

2）温哥华市

2009年，温哥华市议会通过了一项倡议，该倡议支持开放可获取数据、开放标准和开源软件的理念（Vancouver, Standing Committee on City Services & Budgets, 2009）。该市决心积极推行开放数据计划，包括将档案数据作为开放数据进行公开。该市的开放数据网站于2009年9月推出，包括数据集的元数据描述以及数据集本身（Vancouver, 2014b），还包括有关可用数据格式的信息以及数据集开放许可证。

温哥华在2013年制定了"数字化战略"（Digital Strategy），其中不仅包括公开政府数据，还包括电子政务、公民参与和数字基础设施，以支持社会经济发展（Vancouver, 2013）。该战略确定的高度优先级举措包括扩大开放数据计划、改进数字服务和建立数字服务治理。这些举措都是为了支持"数字化战略"的四个主题和目标：参与与获取；经济；基础设施与资产；机构数字化成熟度。该战略明确表示了对"开放政府生态系统"的支持（Vancouver, 2013）。温哥华"2014年机构业务计划"（2014 Corporate Business Plan）中将该"数字化战略"列为优先事项（Vancouver, 2014a）。

温哥华在2013年发布了一个在线公众参与工具——"对话温哥华"（温哥华，2014c）。该工具使得注册用户（必须是十五岁以上的温哥华居民）能够参加有关市政事务的讨论，其作用符合开放政府的"公民参与和参与政府"的目标。

3）里贾纳市（Regina）

里贾纳市的开放政府动议基于以下三大主题展开。

●开放数据。里贾纳市的开放数据目录包括数据集及其元数据（Regina，2014b）。其技术平台 OGDI DataLab 是面向微软 Windows Azure 云计算平台的开源开放数据目录，支持人机与数据的交互（Regina，2014a）。数据的使用遵循城市许可证的有关规定（Regina，2015）。

●开放信息。这是一个政府文件在线存储库，包括政府报告、费用使用情况、调查等，由市政府主动披露或根据"地方当局信息自由和保护隐私法"主动公开（Regina，2014d）。[①] 其初衷是使信息在发布后在开放信息页面上至少公开保留两年时间。

●公民互动。里贾纳的开放政府网站还包括城市开放数据相关应用程序，网站还邀请市民通过各种社交媒体平台与政府展开互动交流（例如 YouTube、TM Facebook、TM and TwitterTM）（Regina，2014c）。

里贾纳市 2012 年启动的这一开放政府动议起源于内部机构信息评估，强调外部利益相关方获取城市信息的需要。该项目由该市的跨机构团队管理，其中两个开放政府委员会——战略委员会和业务委员会负责提供指导、实施治理。该市还与开放数据公民领导小组——Open Data Saskatchewan 和 HackRegina 进行合作（Currie，2013）。[②]

## 6. 加拿大开放政府动议的共同构件

根据以上概述，在这些开放政府动议中，可以识别出以下共同组成部分。

●开放政府计划。有些地区制定了完善和全面的开放政府规划文件。另外，委托或调查报告为开放政府动议的进一步开展提供了建议、反馈和指导。

●立法、政策、程序和准则。除了信息自由和隐私立法之外，一些地区（尽管并非所有地区）还针对开放政府制定了综合政策和程序

---

[①] 《地方当局信息自由和保护隐私法》，SS 1990，c L‑27.1。
[②] 另参见 OpenDataSK（2014）。HackRegina 是在萨斯喀彻温省里贾纳市举办的年度马拉松在。

类文件（包括开放信息和开放数据）。

 • 开放数据门户或目录。许多地区提供开放政府数据服务，例如，元数据登记表（目录）或数据集存储库。各个地区提供的数据集的类型也各不相同。在某些司法管辖区，只有地理空间数据可用。

 • 开放信息。除开放数据门户外，一些司法管辖区有专门网站供民众访问开放信息资源。

 • 开放对话或公民参与。一些地区有专门的公开对话或公民参与计划，会采取公共咨询或网站的形式，鼓励公民参与问题、项目/动议或其他机制。

虽然一些地区认为开放政府信息服务是信息管理基础设施和责任的组成部分，但这一观念还未成为共识。下文将对该问题以及文件档案管理对开放政府动议的影响展开探讨。

## 7. 文件档案管理框架下的开放政府

文件档案管理对生成可靠、可信的开放政府信息发挥着决定性作用。文件若被管理得好，可以作为问责的工具，并成为政府活动信息的权威可信来源（Thurston，2012b）。因此，若开放政府动议有强大可靠的文件档案管理框架作为支撑，必然有利于其成功。由于开放政府动议中引入了新的工作过程、程序和文件，给政府带来了一系列新的文件档案管理挑战，因此必须在开放政府动议的框架下识别这些挑战，并根据机构目标和战略进行合理控制。对开放政府动议的工作过程的分析，可以实现上述目的，并能了解工作过程中的文件档案管理要求（尤其是针对文件的生成、捕获和控制）。

## 8. 开放政府即业务过程

正如《国际标准化组织技术报告：信息与文献—文件工作过程分析（2008年）》（*Information and Documentation – Work Process Analysis for Records · 2008*）所述，业务过程分析是确定系统化的业务过程和操作、识别业务过程中的文件的有效方法，在本案例中，开放政府动议就是一项具体的业务过程。该业务过程分析方法包括业务环境中的职能分析（简称职能分析）

以及业务过程中的组成步骤分析（简称顺序分析），其中文件在操作层面生成。职能分析主要是评估业务过程的广泛背景，包括其任务和法律环境。职能分析有助于确定为什么或为了什么目的进行该过程所支持的工作。因此，对开放政府动议进行职能分析时要首先将动议放回其各自的机构环境（即管理主体及地区）中，然后确定该动议的最终目标（即通过开放政府信息实现透明度和问责制）。这种分析有助于了解高层面的信息管理和文件控制问题——例如，信息分类、保管与处置。而顺序分析则侧重于如何开展工作，在操作层面上解释文件的生成要求以及各业务过程之间的角色、职责和依赖关系（例如，一个业务的产出是另一个业务的输入）。在分析中将不同的角色考虑进去有助于划分具体的步骤顺序（例如，提供指导；批准或授权；处理；评估或审核等）。了解这些角色不仅突出了过程中生成的文件类型，而且还能明确文件的负责人。

本文将开放政府的业务过程分为三类，即三个阶段：启动；识别和发布；推广和评估。每一个阶段都有自己的任务和操作，这些任务和操作都是开放政府动议成功的关键，统称为构件。每个工作过程都会产生一系列信息对象（即文件和记录），这些信息对象既可以作为支持工作流的证据，也可以作为与开放政府动议有关的责任制属性。只有这样，才能真正了解在文件生成和控制阶段的文件管理要求。

### 9. 启动

1）政策

政府首先会在组织层面上表明对透明度和问责制的关注。开放政府倡议的目标和原则肯定会准确反映在开放政府的政策中。一般来说，开放政府政策会帮助指导决策，并概述政策追求的目标、可交付的成果和行动方案。在开放政府信息的发布上，开放政府政策可以并且应该根据政策意图指出可发布的政府信息类型，并指导这些信息的开发和传播（例如，规定信息应以什么格式在哪些平台发布）。反过来，这可以增加数据的可访问性，并鼓励信息的再利用。虽然开放政府的举措不仅仅包括政策，但不可否认开放政府政策的重要性，它是指导新行动实施和监管的第一步。一份开放政府政策应该说明政策意图，指定行动的具体负责人，并规定其义务赋予其适当权力；此外，一旦方案实施，还要设定指标对方案进展情况进行评估。最重要的是，一项政策应该是一份责任声明——政府要对其公民负责，也要对自己负责。

开放政府政策应与组织的现行政策、立法和法规保持一致，特别是与那些支持组织问责制框架和文件档案管理实践的政策法规保持一致。如果规划得当，开放政府动议可能会影响（并有希望加强）政府现有的问责制结构及其文件档案管理政策。对于文件档案管理，开放政府政策中应包括有关文件档案管理的内容，如果没有，至少应注明对现有的文件档案管理政策的参考。如果以上两种情况都不存在，至少应由负责政策监督的人员说明开放政府政策和文件档案管理政策如何并行。明确开放政府和文件档案管理实践之间的关系非常重要，同样地，也需明确文件与开放政府动议及其工作过程间的关系。政府必须有协调新旧标准的能力，才能取得公民的信任。遵守新政策中的条款不应以牺牲现有的官方标准为代价（McDonald，2014）。如果一项政策与机构制定的其他组织层面的政策同样重要，那么这项政策也必须和其他政策一样，遵循特定的起草、修订、审查和批准过程。

行动计划、准则、实践标准，这些都是伴随开放政府政策的制定可能产生的信息对象。它们与其他类似的文件一起，帮助实现政府行动的一致性和结果的统一性。例如，制定开放政府数据集发布程序有助于将发布数据的格式标准化，从而保证发布数据集的一致性，并实现各种数据集之间的无缝互操作性。再例如，标准模板能够以元数据形式捕获不同类型的背景信息，是信息发布中所需的信息对象之一。[①] 标准模板不仅能够确保数据的背景信息被准确记录，而且使得数据可追溯、可链接，这是"数据集真实性和可靠性的核心要素"（Thurston，2012b）。最重要的是，对于开放政府动议而言，整个开放政府政策起草中的规划、过程、程序、跟踪记录以及辅助性记录与政策本身同等重要："每个公共机构都应该以方便、易理解的方式，尽可能地公开其政策制定的准备和执行数据"（Zuiderwijk，Janssen，Choenni and Meijer，2014）。

---

[①] 美国的开放数据门户（data. gov）使用标准化的元数据模板（Thurston，2012b）。

2) 参与者

可以说，成功的开放政府动议需要一个有正确态度的优秀政府（而不是只因"所有人都在做"而实行开放政策）。虽然政治家的抱负与公务员眼下必须处理的现实任务之间经常存在着巨大的差距，但二者在开放政府动议的成功执行和维护上同样发挥着重要作用。各级政府部门和上下层级间的广泛合作不仅重要，而且十分必要。如果政府要与公众进行公开对话，首先要确保在政府内部能够进行公开对话。

如何对开放政府行动的监督和管理权进行分配是个大的挑战。选择什么样的团队或部门实施和监管开放政府政策将会对新政策的受欢迎程度和在机构内的整体执行情况产生重大影响，为新政策创造共同意识并加强支持是政策实施中的重要环节。开放政府动议的成功首先取决于员工对新框架的服从和遵循能力（Gavelin，Burall and Wilson，2009）。因此，在分配任务和责任时，必须考虑政府内部和外部的所有关系。

国际文件档案管理基金会①（International Records Management Trust，IRMT）是一个从"文件档案管理"视角监督开放政府政策实施的制定团体或机构。② 正如其名称所示，该国际文件档案管理基金会应该具有卓越的文件档案管理能力。它们应该从官方政府文件中提取相关信息，向公众提供政府决策和行动的证据。因此，该机构应该就文件档案管理政策向政府提供建议，设立标准，定义和应用质量控制指标，并强制执行（International Records Management Trust，2013）。

政府文件和档案工作者应该为开放政府动议的成功贡献力量。因此，国际文件档案管理基金会进一步支持国家档案部门③作为政府机构对真实可靠的文件生成、发布和保存的促进作用。在国家档案馆的机构职责中已经

---

① Internationa Records Management Trust（IRMT）曾译为"国际文件管理基金会"等。

② 在起草衡量开放政府和值得信任的文件工具时，国际文件档案管理基金会（IRMT，2013）概述了一系列实施成功开放政府动议的基准，包括文件授权机构应该发挥的理想作用。IRMT 以下列方式确定此角色："文件管理权威机构（国家文件/档案机构或具有同等权力的国家/地方机构）有权就政策、标准制定和界定公共管理质量管理向政府提供咨询意见的各种格式的文件。"

③ IRMT 的《开放政府和值得信任的文件：机构/法规框架和能力基准工具》（2013）仅探讨国家档案馆在其框架中的作用。不幸的是，该工具没有探索省/州或市政府的替代方案。

明确指出，国家档案馆有责任保护"相关记录证据，以确保政府遵循法律，以透明的方式记录自身行为，保持其运作的证据，对其公民负责"（International Council on Archives，2005；Thurston，2012a）。例如，美国国家档案文件管理局（NARA）[①] 和英国国家档案馆已经在其国家的开放政府动议中承担起了相应责任。NARA 制定了一项独立的开放政府计划，[②] 其中概述了 NARA 在国家开放政府动议中的独特职责（NARA，2014）。

英国国家档案馆负责监督英国政府许可证框架的制定，其中包括开放政府许可证制度（National Archives，2014，2015）。然而，并非所有的政府档案馆，尤其是较低行政级别地区的档案馆，都能够发挥这样的作用（Thurston，2012b）。然而，通过与 ATI 办公室、监管部门和审计部门建立伙伴关系，文件和档案部门仍然可以在较大的管理机构中发挥重要作用。无论档案馆是否具有监管或其他的权力，档案馆在向公众提供可靠的政府活动证据方面所具有的知识和专业技能，可以支持开放政府对公众透明和负责的目标。总之，文件档案管理机构应在政府内部发挥一定的领导作用，确保向公众提供的信息是完整可靠的。同样地，文件档案的管理机构也应该是可靠的，能够履行其职责，并且为政府和公众所信任（International Records Management Trust，2013）。

3）识别和配置

一旦一项开放政府政策得到批准，对相应职位和责任进行了分配，就必须确定该政策所支持公开的信息。这一阶段包括两个关键组成部分：记录（内容）和技术（方式）。

4）文件

政府文件作为政府活动的证据被生成、维护和保存，是获取开放政府信息的主要来源。政府信息发布的前提是要首先确定哪些政府信息可以或将要被发布，[③] 可以参考的机构分类方案，创建一个机构现有文件的目录清

---

① National Archives and Records Administration（NARA）曾译为"美国国家档案与文件署"。由于 NARA 馆长为正局级，未及正部级的署，因此本书将 NARA 译为"美国国家档案文件管理局"。

② 2014 年 5 月 30 日，国家档案和文件管理局发布了第三个开放政府计划。

③ 从总体观点来看，这可能在政策中进行概述（例如，潜在发布的信息类别）。此外，政府信息请求本质上不是静态的，而是公开什么信息和什么时候可能会频繁更改的选择。

单（inventory）①或地图，以帮助确定哪些信息符合发布条件，是以其现有形式发布（例如，政府出版物、内部通信等），还是要严格遵循新的格式要求（例如，解析某些记录内容，将文件匿名等）。②

一个新的开放政府动议中选择公开或发布的数据和信息都来源于原始的政府材料，这些来源资料在新的开放政府环境下被赋予新的用途和价值。因此，公开信息的价值就取决于来源材料的可靠性和准确性。由于该来源材料是在独立的业务职能和过程中产生的，其生成、捕获和控制受特定的工作过程、系统和环境的指导。这些相关的工作过程、系统和环境信息都应作为开放政府信息的相关信息一起公开，它们提供了对信息背景和意义的完整和准确的描述，是信息被信任的基础。

一旦确定了相应文件，数据管理人员、技术人员等就会收集并准备文件中需要作为被发布的开放政府信息。这个准备工作需要：

●信息修改。个人和机密信息必须匿名；私人和机密信息未经适当审查就进行政府信息公开会使公民和政府蒙受隐私权被侵犯的风险。

●信息重构或格式修改。根据预期目的和发布平台，某些被选的来源资料可能需要信息重构或格式修改（例如，解析各种数据，然后以结构化数据集的形式进行发布）。

●识别或生成相关的背景元数据。这可能包括描述原始文件的信息，包括：关于保管所有权的详细信息；生产环境；省略的信息；文件档案管理规范，包括留存和分类、法律问题等。该元数据应与公开的政府信息一起发布，以便通过提高可检索性来提供背景信息，增强发现和可访问性，并允许不同数据集之间的无缝链接（即互操作性）。没有背景信息，会存在信息被误用和误解的风险，其实用性和价值都

---

① 组织信息源的映射一直是英国政府以及赫罗纳市议会在实施公开数据项目（Open Goverment Partnership，2014b；Casselas，2013）时采取的战略。

② 库存不仅成为活动的副产品，而且也是政府的有用管理工具（也就是说，它可以帮助未来开放政府计划下信息的发布和简化工作流程的优先级排序）和可用于进一步支持政府透明度。

会受到损害（Thurston，2012a）。①

在这些步骤中，应将公开信息如何被识别、收集和移交的过程记录下来，并将该记录与信息一起公开。由于这一记录能够提供背景信息并使得数据具有可追溯性（即能够将信息追溯到其来源资料），因此，可以用来说明最终的信息产品的准确性和可靠性（Thurston，2012b）。工作流程中的最终步骤包括在被指定人员（通常是执行主管）批准之前由权威机构审核最终的信息产品，然后将信息产品通过基于 Web 的平台（例如，开放数据门户、开放信息网站等）发布。

5）技术

前面提到的工作流程中的每个阶段都需要各种技术的支持和干预。尽管信息技术人员使用现有的工具和平台（例如，电子文件和文件档案管理系统、数据库、搜索引擎等）或许能够实现对需公开的政府信息的识别、收集、准备等工作，但这些信息的公开发布可能需要新技术的支撑，包括网站、门户和存储库。② 这些基于网络的技术通常用于开放政府动议的前端设计。用户进行互动的界面是政府践行透明度和问责制承诺的最直接体现。开放政府平台的设计必须同样遵循开放数据原则：不能够通过收费或控制等方式（例如，版权、未经授权的许可证等）阻碍或完全阻止对政府开放信息的获取。信息发现、下载、查看和重新调整等功能应满足用户无缝和轻松使用的要求。技术平台的质量将直接影响用户对整体信息的质量和整个开放政府动议质量的看法，质量差的信息或工具（例如，检索功能差、用户界面难用、数据集难以理解或以非机器可读格式或"不可改变"格式公开等）可能会影响用户的主动性，阻碍用户的参与和对信息的再利用。

虽然前端可访问性对于鼓励公民参与和再利用信息很重要，并不能因

---

① 虽然元数据的重要性没有争议，但目前的问题在于不同的元数据模型和/或格式目前还没有一致性，它们被用于不同的开放数据类型。输入元数据可能是一个耗时的工作，也可能会由于缺乏必要的工作人员和资源的组织导致此任务被忽视。此外，还有元数据的风险包含使用数据的假设，并指出要做出的某些选择和解释，这可能会产生偏差，否则会排除某些可以重复使用数据的方式（Zuiderwijk，Jeffrey，and Jannsen，2012）。

② 应该承认，引入新的技术平台也可能会为政府建立新的伙伴关系，例如，将这些工具的设计、托管和/或管理外包给第三方公司，这可能会出现组织的平等福利和风险。此维度不再本研究的探讨范围。

此损害其他系统功能。无论是设计开放数据门户、开放信息数据库还是提供服务的应用程序，文件档案管理标准和要求都必须纳入系统的特征和设计中去（McDonald，2012）。按照设计原则（by - design），文件管控应嵌入到这些技术的设计之中。这些平台必须对所支持的开放政府信息和平台中生成的信息（例如，使用统计信息、用户反馈等）实现全生命周期管控（例如，留存、终置、保存和访问），这些控制可以通过工作过程分析的结果以及对现有技术和基础设施的评估来确定，然后根据需要进行调整。在这方面，文件管控机构的适当指导很重要，但同时开放政府、信息技术和信息管理专业人员之间的无缝协作也必不可少，尤其是对于设计最终工具和平台以及汇集有关文件档案管理要求的信息而言。满足这些文件档案管理要求对于构建可信文件环境的技术环境来说很重要——如果环境可以被信任，那么环境下管理和生成的信息也可以被信任。

6）推广和评估

由于开放政府信息价值的实现极其依赖于公民对开放政府信息的再利用，所以应设计开放政府政策时应将信息使用者也纳入进来。虽然政府信息公开为增强政府透明度和问责制度奠定了基础，但这只有在公民了解信息的可用性、了解如何使用和再利用信息获益的情况下才能真正实现。随着开放政府行动的日趋成熟，开放政府的重点将从识别可公开的政府文件转向与公民建立公开对话，这使得政府能够实现对开放政府动议的进一步改善。因此，支持公民参与的策略和体系（例如，反馈表单、请求公开具体政府信息的机会等）成为整个业务过程的组成步骤和发展方向。

7）公民参与和开放对话

如前所述，公民参与是实现成功开放政府动议的关键支柱。因此，开放政府项目远远不止于简单地提供信息，还应努力争取公众的参与。开放政府动议必须通过推广活动、方案和工具实现与公众的有效沟通。例如，创造激励措施鼓励用户利用信息（例如，编程马拉松）或降低新用户门槛都是实现有效沟通的一些方法（Janssen，Charalabidis and Zuiderwijk，2012）。

沟通是公民参与的重要组成部分。开放政府信息的用户必须能够有效并且快速地将他们的反馈、关注或请求发送给该开放政府动议的监管人。共同沟通机制包括公开对话、反馈论坛以及具有社交媒体功能的网络平台，这些网络平台同样可用于传播有关政府活动的信息。还有一些互动是不基于网络的，可以采用表格或录音的方式记录反馈，例如现场公共咨询。

作为独立的工作过程和业务活动，开放政府中的这些推广策略和沟通机制会产生一系列新的信息输出和输入（输出，如媒体发布的关于政府咨询或合作的信息；通过社交媒体平台的媒体通信等；输入，如反馈表；对附加数据集的请求；调查；通过社交媒体平台进行的通信等）。用户提交的这些输入信息由信息技术人员接收和处理，并汇总为报告或统计数据进行分析。这些数据可以用于分析公众使用信息的模式和趋势，帮助机构了解开放政府行动的改进和发展方向。这项工作可以帮助政府确定信息公开的优先次序，简化内部程序和活动，减轻工作量，消除冗余（Janssen，Charalabidis and Zuiderwijk，2012）。若政府了解这些趋势并给予积极有效回应，可能会减少 ATI 请求的数量（进而降低成本）。因此，必须制定适当的文件控制指标来管理输入和输出的信息。此外，如何证明从公民那里收到的信息的真实性是另一个考虑因素，也应该纳入公开政府动议的整体文件档案管理框架内。同样地，必须采取措施确保政府公开信息的可靠性和可信度，同时政府也需要一定的手段和措施保证他们收到的反馈信息也是可靠的、值得信任的。

8）项目评估

在这项研究过程中，没有找到相关国际标准来衡量政府开放政策的成功与否。目前，若未实现开放政府目标，政府可能会面临公众的监督，或受到 OGP 等团体的批评。然而，内部指标依然应该成为机构内部总体绩效和评估方法的一部分。对评估过程的记录（例如，如何设计和应用评估指标）将成为跟踪记录的重要组成部分，且需要与其相关联的文件一起保存。与前文中列出的其他信息类似，这一信息是透明政府的重要证据，与开放政府的其他措施同等重要。总体而言，这些指标将有助于确保评估开放政府动议的一致性，并且随着时间的推移不断跟踪和记录开放政府项目的构成情况。

## 10. 开放政府作为业务过程：总结

总而言之，上面强调的核心任务（或业务，或"过程"）和开放政府动议的主要产出是在基于网络的平台上公开政府信息。支持开放政府动议的启动、实现和最终评估的过程和业务活动各自构成整个开放政府过程的一部分，并生成一些相关信息。在上述工作过程分析中可以识别出一系列不同的信息类型，可以概括为六类。

● 用于启动、设计和支持开放政府行动的信息（例如，行动计划、政策工具、程序、准则、评估表、清单、批准表、开放数据许可证等）。

● 在公开过程中输入的信息（例如，备选数据集、目录或其他需要评估的信息）。

● 公开过程中输出托管在开放数据/开放信息平台上的政府信息（例如，信息访问请求的摘要、费用报告、授权标书或合同、政府决定；又如委员会的命令；各种数据集，包括地理空间、统计、财务数据等）。这些信息部分是原始来源材料的转换形式，可能被经过了匿名、切分或其他修改处理。

● 基于 Web 的平台（托管公开信息和/或提供对公开信息的访问的网站和门户），通常包括公开信息的元数据描述以及本地或外部托管的数据集或信息的链接。对于数据集，一些元数据可以描述数据的结构（例如，表中的字段）以及内容的性质。

● 公民的输入信息，通常包括公众对开放政府动议的反馈意见，还可能包括公共咨询产生的材料（例如，反馈表格、录音记录等）或通过网络平台收到的通信（例如，社交媒体帖子、附加数据集的请求等）。

● 与开放政府动议相关的其他（输入和输出）政府信息，包括报告、公共展示、活动信息、进展情况、咨询结果或其他公众参与活动的相关信息。这个类别还包括政府通过社交媒体和其他平台交流的有关开放政府动议的通信。

在对开放政府动议进行业务过程分析时采用机构的视角可以帮助评估这些不同类型信息的潜在业务价值。在特定业务背景下对业务过程的目的和价值进行评估，有利于确定业务过程中生成的对象是文件还是支持性记录，并判断它们具有暂时的、短期的还是长久的保存价值。然后根据识别出的信息特征进行以下判断。

- 是否通过公开过程有效地创建了一个新的数据集（文件）（即是否对来源材料进行匿名或转换处理以便公开)？
- 信息在发布之前是否需要从原有记录中分离出来？上述处理过程是否应在信息发布时同时公开？
- 是否有相关规定要求将发布的信息与原始和/或正式版本保持同步？
- 如果使用标准机构文件管控来管理机构存储库中信息的原始/正式版本，那么在线数据/信息门户上需要采用哪些控制或管理活动来管理公开信息的副本（可能被概念化为服务或访问副本)？
- 是否需要不同的文件管控（例如，留存和终置）来管理公开的版本？

将文件档案管理要求作为开放政府动议的一部分纳入机构现有结构和程序中，这个过程有许多需要解决的问题，上述仅是一些举例。从功能和业务层面了解新业务过程中的文件生成环境有助于识别和映射各种业务过程中产生的各种信息类型，也有助于梳理和建立适当的文件控制指标作为管理此类信息的方式。

由于这些过程和业务而产生的相关跟踪记录由文件、记录、暂时性信息和数据组成，成为开放政府动议的关键凭证。这些记录反映了文件与业务之间的关系，展现了工作过程及其在机构运作中的作用。然而，为了保证"完整"，这份文件还应包括公开信息的来源资料的信息，例如，政策、具体业务和信息得以生成、捕获和维护的系统的相关信息。这样可以使用户和政府工作人员都能够准确地将公开的政府信息追溯到其原始资料（Thurston，2012a）。全面的跟踪记录能够定义从原始来源材料到最终信息产品的整个启动、起草、批准和发布流程，作为权威、完整和准确的来源保证了即将成为开放政府信息的文件的完整性和整体可靠性（McDonald，2012）。确保这一记录的完整性和持续可用性是关键性的文件档案管理问题，需要纳入开放政府的政策和实践中去。如果将最终产品（即开放政府信息）置于"大图景"（背景信息）下发布，并随附小的细节（数据），用户更有可能对最终产品（即开放政府信息）产生信任。

总而言之，有效的机构文件档案管理框架应被纳入支持开放政府动议的业务过程和信息对象中。这些文件档案管理的新过程应与现有的业务结构保持一致。反过来，由于新的开放政府动议对文件档案管理和配置有着不同需求，现有的业务结构又能作为识别文件档案管理要求的重要参考因素。同时，这一新业务过程中生成的新的机构文件，也需要在更广泛的机构框架和文件档案管理框架下被对待。应将这些新的机构文件视为来源材料的生命周期的延伸，在对其管理中反映机构现有的文件档案管理实践。

## 11. 加拿大开放政府动议中的文件档案管理框架问题：前期观察

如前文所述，加拿大各个地区的开放政府动议处于不同的发展阶段。通过对这些机构的政策、行动计划和开放政府项目的初步观察，并不是所有这些项目都完全将组织层面的文件档案管理框架纳入考虑范围。例如，七个地区中仅有两个地区称包含了机构信息管理的某个方面。

- DataBC：从组织层面开始进行数据管理，意识到开放数据是从较大的操作数据库中提取的子集。在"运作概念"（Concept of Operations）文件中对治理结构和工作过程有明确的界定（British Columbia, Ministry of Labour, Citizens' Services and Open Government, 2012）。
- 多伦多的开放政府动议是其整体信息管理框架的一部分，其设计原则中明确地将开放政府运作方针作为更广泛的信息管理业务的组成部分，并与信息技术相结合。

在政策和规划方面，有几个地区有明确的政府开放政策（加拿大联邦政府、不列颠哥伦比亚省、阿尔伯塔省、多伦多市），而其他地区则处于政策制定阶段。行动计划或战略目标的情况也大致相同：加拿大阿尔伯塔省和多伦多市政府有明确专门用于开放政府动议的规划文件，其他司法管辖区也正在制定（例如，纽芬兰与拉布拉多），还有一些地区的规划中以不太明确的方式提及了开放政府的目标（例如，温哥华的数字战略）。此外，只有个别地区（不列颠哥伦比亚省、阿尔伯塔省）公开提供了有关政府信息公开工作流程的详细信息，包括在此过程中划分每个业务的记录工具（例如，评估表、清单、批准表等）。

对于开放政府信息，包括记录、数据、文件和元数据，大多数地区已经开始践行，且关注于结构化的开放政府数据和相关门户，包括专门用于地理空间数据集的门户网站。此外，一些地区（加拿大政府、不列颠哥伦比亚省、纽芬兰与拉布拉多、里贾纳）已经开发了或正在开发非结构化信息"开放门户"（例如，信息发布摘要、报告、费用索赔）。此外，仅有一些地区有专门的开放对话或公众互动网站（例如，纽芬兰与拉布拉多、温哥华、里贾纳）。

多伦多针对开放政府动议制定了相应的评估指标。该城市的战略行动规划描述了依设计开放政府（open government by design）的实施要素，并为每个实施步骤确定了一个评估框架，包括有关指标、基准、目标和推动因素等详细信息（Toronto，2013b）。因此，这个规划文件将是协调和评估开放政府进展情况的重要工具之一。

通过上述观察可以看出设计和实施开放政府动议有许多可能的方法，但各地区在一些特定的关键组成部分（例如，政策、规划和基于网络的开放政府信息传播平台）上有一些共识。从上述案例中可以总结出以下几点。

- 需要在本地区内更全面地实现组织层面的开放政府和文件档案管理的一致性；
- 需要制定更多的公众参与机制以及促进公众参与的机制（例如，前文提到的 Open Data Saskatchewan），以支持开放政府的目标和原则，并获取公众对目前开放政府行动的反馈意见，以推动开放政府的不断完善；
- 需要制定和公开开放政府的计划、程序、战略和具体评估指标，以评估和跟踪开放政府的进展情况，这样，一方面能表明政府对计划的承诺，另一方面可以通过公民的帮助推动和塑造开放政府的演变和改进。

## 12. 未来研究

该项目的下一阶段将着力扩大对加拿大各地区开放政府动议的分析，

重点关注这些地区在管理新型机构文件方面可能面临的问题。项目组将开始对本研究中提到的一些地区进行访谈，对这些地区的政府机构的开放政府问题、战略和项目进行更详细的分析。项目组还将设法了解这些地区如何开放政府动议中的文件捕获、留存和终置问题。项目下一阶段还将评估从组织层面对机构业务过程（即那些与开放政府动议相关的过程）进行分析的可行性，以识别并管理新的机构文件在生成、捕获和控制方面出现的挑战。本项目与 ITrust 的长期目标一致，旨在形成一个组织层面的框架以帮助机构解决类似的问题。

## 13. 结论

开放政府已成为建立管理机构与公民间信任关系的重要政治战略。因此，仅有开放数据门户将不能再满足这一目标。尽管不同政府机构可以选择不同的方式支持开放政府动议，但各级政府的开放政府目标仍然是相同的：提高透明度，创造更完善的民主问责制环境，鼓励公众参与。一个成功的开放政府动议必须有强有力的政策支撑，得到内部关键参与者的支持，并开放准确的数据和信息。这些数据和信息来源于可靠的政府文件，并通过鼓励数据使用和公众参与的创新平台发布。开放政府动议不仅依赖于选择公开的信息，还依赖于信息的性质，包括信息生成和最终公开中关键的来源材料和工作过程。因此，建立一个可靠的组织层面的文件档案管理框架，创造一个负责的环境，促进完整、准确和可靠的文件生成、捕获和控制，是一个成功的开放政府动议的核心，也是建议政府和公民间信任关系的关键。

开放政府可能不是一个新的概念，但它是一个变化的概念。现代技术、快销式的社会媒体和揭秘式的信息传播趋势不仅对政府信息公开的方式有重大影响（有时政府信息可能会以未预想到的方式被公布于众），而且塑造着政府和公众对待透明度和问责制的方式。随着社会对开放政府关注度的提高，政府面临越来越大的压力，要表达出对更开放的治理形式的承诺。虽然衡量这些开放动议成败的标准化指标可能尚不存在，但是从公众的反应和反馈中可以看出这些动议的被接受程度。

## 14. 致谢

该项目由 InterPARES ITrust 项目的支持。InterPARES ITrust 项目由 Luciana Duranti 主持，设立于英属哥伦比亚大学图书馆、档案和信息研究学院，受加拿大社会科学与人文研究理事会资助。笔者对以下几位专家的评论和编辑建议表示由衷的感谢：多伦多市文件主管 Jim Suderman，文件和信息管理咨询顾问 John McDonald，以及近期毕业于英属哥伦比亚大学图书馆、档案和信息研究学院的 Grant Hurley。他们都是 InterPARES 北美第 8 号项目"网络环境中开放政府、开放数据和大数据对数字文件档案管理的影响"的研究人员。请注意，本文所有观点仅代表笔者个人意见。

## 参考文献

Alberta. n. d. Open Data Standards. Edmonton，AB. http：//data. alberta. ca/sites/default/files/Open% 20Data% 20Standards. pdf.

——. 2012a. Alberta Open Data. http：//data. alberta. ca/.

——. 2012b. Open Information and Open Data Policy. http：//data. alberta. ca/content/government – alberta – open – information – and – open – data – policy.

——. 2012c. Open Government Licence：Alberta. http：//data. alberta. ca/licence.

——. 2013a. Dataset Evaluation Form. Edmonton，AB. http：//data. alberta. ca/sites/default/files/02% 20% 20Dataset% 20Evaluation% 20Form. pdf.

——. 2013b. Open Data Program，Data Value Framework. Edmonton，AB. http：//data. alberta. ca/sites/default/files/01% 20% 20Open% 20Data% 20Value% 20Framework. pdf.

Albert，open Goverment Program. 2014. Open Data Dataset Publishing Guidelines. Edmonton，AB. http：//data. alberta. ca/sites/.

Albert，Open Government Office. 2013. Open Government Action Plan. Edmonton，AB. http：//data. alberta. ca/sites/default/files/Alberta% 20Open% 20Government% 20Action% 20Plan% 20% 20v5. 7. pdf.

British Columbia. 2014a. Open Government License：British Columbia. http：//www. data. gov. bc. ca/local/dbc/docs/license/OGL – vbc2. 0. pdf.

——. 2014b. Open Information. http：//www. openinfo. gov. bc. ca/ibc/index. page.

——. 2014c. DataBC. http：//www. data. gov. bc. ca.

British Columbia, Ministry of Labour, Citizens' Services and Open Government. 2012. DataBC：Concept of Operations, vol. 1. Victoria, BC. http：//www. data. gov. bc. ca/local/dbc/docs/databc/DataBC_Concept_of_Operations_ – _V1. 0. pdf.

British Columbia, Office of the Chief Information Officer, Knowledge and Information Services Branch, Ministry of Labour, Citizens' Services and Open Government. 2011. Open Information and Open Data Policy, version 1. 0. Victoria, BC. http：// www. cio. gov. bc. ca/local/cio/kis/pdfs/open_data. pdf.

Canada. 2012. Canada's Action Plan on Open Government 2012 – 2014. http：// open. canada. ca/en/canadas – action – plan – open – government.

——. 2014a. Canada's Action Plan on Open Government 2014 – 2016. http：//open. canada. ca/en/content/canadas – action – plan – open – government – 2014 – 16.

——. 2014b. Directive on Open Government. http：//www. tbs – sct. gc. ca/pol/doceng. aspx? id = 28108.

——. 2014c. Frequently Asked Questions. http：//open. canada. ca/en/frequentlyasked – questions.

——. 2014d. G8 Open Data Charter：Canada's Action Plan. http：//open. canada. ca/ en/g8 – open – data – charter – canadas – action – plan.

——. 2014e. GeoConnections：Discovery Portal. http：//geodiscover. cgdi. ca/web/ guest/home.

——. 2014f. Open Data in Canada. http：//open. canada. ca/en/maps/open – datacanada.

——. 2014g. Open Government. http：//open. canada. ca/en.

——. 2014h. Open Government License：Canada. http：//open. canada. ca/en/opengovernment – licence – canada.

Casselas, L. – E. 2013. Mapping, Selecting and Opening Data：The Records Management Contribution to the Open Data Project in the City Council of Girona. Paper delivered at the ICA Annual Conference, Brussels, Belgium, 23 – 24 November. http：//www. ica. org/? lid = 14819&bid = 1134.

Currie, Liam James. 2013. "The Role of Canadian Municipal Open Data Initiatives：A Multi – City Evaluation." MA thesis, Queen's University. http：//qspace. library. queensu. ca/bitstream/1974/8159/1/Currie_Liam_J_201308_MA. pdf. Datalibre. ca. 2014. Open Data. http：//datalibre. ca/links – resources/.

Denham, Elizabeth. 2013. Evaluating the Government of British Columbia's Open Government Initiative, Investigation Report F13 – 03: Information and Privacy Commissioner for British Columbia. Victoria, BC. https://www. oipc. bc. ca/ investigation – reports/1553.

——. 2014. A Failure to Archive: Recommendations to Modernize Government Information Management, Special Report: Information and Privacy Commissioner for British Columbia. Victoria, BC. https://www. oipc. bc. ca/special – reports/1664.

European Commission. 2011. Open Data: An Engine for Innovation, Growth and Transparent Governance Europa. eu Digital Agenda for Europe COM (2011) 822 final. http://eur – lex. europa. eu/LexUriServ/LexUriServ. do? uri = COM: 2011: 0882: FIN: EN: PDF 186 CJILS / RCSIB 39, no. 2 2015 Francoli,

Mary. 2011. "What Makes Government 'Open'?" *Journal of eDemocracy and Open Government*, 3 (2): 152 – 165. http://www. jedem. org/article/view/65/ 85.

Gautrin, Henri – François. 2012. Gouverner ensemble:Comment le Web 2. 0 ame 'liorera – til les services aux citoyens? Que 'bec, QC. http://www. mce. gouv. qc. ca/publications/rapport – gautrin – web – 2 – 2012 – 03 – 06. pdf.

Gavelin, Karin, Simon Burall, and Richard Wilson. 2009. Open Government: Beyond Static Measure, A paper produced by Involve for the OECD. http://www. oecd. org/gov/46560184. pdf.

Giggey, Robert. 2012. "The G4: Setting the City Data Free." *Canadian Government Executive*, 17 (8). http://www. canadiangovernmentexecutive. ca/category/item/ 152 – the – g4 – setting – city – data – free. html.

International Council on Archives. Committee on Current Records in an Electronic Format. 2005. Electronic Records: A Workbook for Archivists, ICA Study 16. Paris, France. http:// www. ica. org/download. php? id = 1612.

Information and Privacy Commissioner of Ontario. 2010. Access by Design: The Seven Fundamental Principles. https://www. ipc. on. ca/images/Resources/ accessbydesign _7fundamentalprinciples. pdf.

——. 2014. Introduction to PbD [Privacy by Design]. http://www. ipc. on. ca/english/ privacy/introduction – to – pbd/. International Aid Transparency Initiative. 2014. About IATI. http://www. aidtransparency. net/about.

International Records Management Trust. 2013. Open Government and Trustworthy Records Institutional/Regulatory Framework and Capacity Benchmarking Tool. http://www. irmt. org/ portfolio/open – government – trustworthy – records/attachment/ benchmarks – for – open – government – and – trustworthy – records – final – 2.

InterPARES 2 Project. n. d. Data: Terminology Database. http: //www. interpares. org/ip2/ip2_terminology_db. cfm InterPARES Trust. 2014. Home. https: //interparestrust. org/.

International Standardization Organization (ISO). 2008. Technical Report: Information and Documentation – Work Process Analysis for Records, ISO/TR 26122: 2008 (E). Switzerland: ISO.

James, L. 2013. Defining Open Data: Open Knowledge Foundation Blog. http: // blog. okfn. org/2013/10/03/defining – open – data/.

Janssen, Marijn, Yannis Charalabidis, and Anneke Zuiderwijk. 2012. "Benefits, Adoption Barriers and Myths of Open Data and Open Government." Information Systems Management 29 (4): 258 – 268. http: //dx. doi. org/10. 1080/ 10580530. 2012. 716740.

Manitoba. 2014. Manitoba Land Initiative. http: //mli2. gov. mb. ca/.

MARS Discovery District. 2014. What We Do – Open Data. http: //www. marsdd. com/systems – change/data – catalyst/what – we – do/.

McCallum, Chad. 2014. HackREGINA Spring 2014 Winners! HackDays [blog] . http: //hackdays. ca/.

McDonald, John. 2012. "Managing Electronic Records: The Importance of Standards." Paper delivered at the SARBICA Conference on Electronic Records, Bangkok, Thailand, June.

McDonald, John, and Valerie Léveillé. 2014. "Whither the Retention Schedule in the Era of Big Data and Open Data?" Records Management Journal, 24 (2): 99 – 121. http: //dx. doi. org/10. 1108/RMJ – 01 – 2014 – 0010.

National Archives. 2014. Open Government License for Public Sector Information. http: //www. nationalarchives. gov. uk/doc/open – government – licence/version/2/. Through a Records Management Lens 187.

——. 2015. Licensing for Re – use. http: //www. nationalarchives. gov. uk/information-management/re – using – public – sector – information/licensing – for – re – use/.

National Archives and Records Administration. 2014. Open Government Plan: 2014 – 2016. http: //www. archives. gov/open/open – government – plan – 3. 0. pdf.

Natural Resources Canada. 2012. The Atlas of Canada. http: //atlas. nrcan. gc. ca/site/english/index. html.

——. 2015. Free Data: GeoGratis. https: //www. nrcan. gc. ca/earth – sciences/ geography/topographic – information/free – data – geogratis/11042.

Newfoundland and Labrador. 2014a. Collaboration. http：//open. gov. nl. ca/ collaboration/ default. html.

——. 2014b. Community Accounts – Data, Information, Knowledge. http：//nl. community accounts. ca/default. asp.

——. 2014c. Dialogue. http：//open. gov. nl. ca/dialogue/default. html.

——. 2014d. License. http：//opendata. gov. nl. ca/public/opendata/page/? page – id = licence.

——. 2014e. Open Data. http：//opendata. gov. nl. ca/.

——. 2014f. Open Government. http：//open. gov. nl. ca/what. html.

——. 2014g. Open Information. http：//open. gov. nl. ca/information/default. html.

Northwest Territories. 2014a. Centre for Geomatics. http：//www. geomatics. gov. nt. ca/.

——. 2014b. Geoscience Office：Research, Analysis, Information. http：//www. nwtgeoscience. ca/.

Nova Scotia. 2014. GeoNOVA, Geographic Gateway to Nova Scotia. http：// www. novascotia. ca/geonova/home/default. asp.

Nunavut. 2014. Canada – Nunavut Geoscience Office. http：//cngo. ca/.

O'Hara, Kieron. 2012. "Transparency, Open Data and Trust in Government：Shaping the Infosphere. " WebSci '12 Proceedings of the 4th Annual ACM Web Science Conference, 223 – 232. http：//dx. doi. org/10. 1145/2380718. 2380747.

Ontario. 2014a. Open Data. http：//www. ontario. ca/government/ontario – open – data.

——. 2014b. Open Government. http：//www. ontario. ca/government/opengovernment.

Ontario, Open Government Engagement Team. 2014. Open by Default：A New Way Forward for Ontario. Toronto, ON. https：//dr6j45jk9xcmk. cloudfront. net/ documents/2428/open – by – default – 2. pdf.

OpenDataSK. 2014. OpenDataSK. ca. http：//opendatask. ca/.

Open Government Partnership. 2014a. Sweden. http：//www. opengovpartnership. org/ country/sweden.

——. 2014b. United Kingdom. http：//www. opengovpartnership. org/country/unitedkingdom.

——. 2014c. United States. http：//www. opengovpartnership. org/country/unitedstates.

Open Knowledge. 2014. What Is Open? https：//okfn. org/opendata/.

Open Knowledge Foundation. 2011. Open Definition. http：//opendefinition. org/od/.

——. 2012. Open Data Handbook, release 1. 0. 0. http：//opendatahandbook. org/ pdf/Open

DataHandbook. pdf.

Prince Edward Island. 2014. GIS Data Layers. http：//www. gov. pe. ca/gis/.

Quebec. 2014a. De′claration du gouvernement du Que′bec. http：//www. de′fis. gouv. qc. ca/? node =/declaration.

——. 2014b. Donne′es. gouv. qc. ca BETA. http：//www. de′fis. gouv. qc. ca/.

——. 2014c. Donne′es ouvertes：Le gouvernement du Que′bec et les Villes de Que′bec, Montre′al, Gatineau et Sherbrooke adoptent une licence commune d'utilisation. http：//www. fil – information. gouv. qc. ca/Pages/Article. aspx？aiguillage = ajd& idMenuItem = 1&idArticle = 2202195 608. 188 CJILS / RCSIB 39, no. 2 2015

——. 2014d. Licence. http：//www. de′fis. gouv. qc. ca/? node =/licence.

Regina. 2014a. About OGDI DataLab. http：//openregina. cloudapp. net/Home/About.

——. 2014b. City of Regina Datasets. http：//openregina. cloudapp. net/.

——. 2014c. Open Government. http：//www. regina. ca/residents/open – government/.

——. 2014d. Open Info. https：//www. regina. ca/residents/open – government/openinformation/.

——. 2015. Open Government Licence – City of Regina. https：//www. regina. ca/ residents/open – government/open – government – licence/.

Regional Municipality of York. Committee of the Whole, Planning and Economic Development. 2013. Open Data for York Region—Moving Forward. Regional Municipality of York, ON. http：//archives. york. ca/councilcommitteearchives/pdf/ sep%2012%20ped%20open. pdf.

Scassa, Teresa. 2014. "Privacy and Open Government." *Future Internet*, 6 (2)：397 – 413. http：//dx. doi. org/10. 3390/fi6020397.

Thurston, Anne. 2012a. "Public Records：Evidence for Openness." Paper delivered at the Institute of Commonwealth Studies Secrecy and Disclosure：Freedom of Information and the Commonwealth Conference, London, England, 14 June. http：// blogs. estadao. com. br/publicos/files/2012/08/Public – Records – as – Evidence – forOpenness – FINAL. doc_. pdf

——. 2012b. "Trustworthy Records and Open Data." *Journal of Community Informatics*, 8 (2) . http：//ci – journal. net/index. php/ciej/article/view/951/952.

Toronto. 2013a. Open Government Licence：Toronto. http：//www1. toronto. ca/wps/ portal/contentonly？vgnextoid = 4a37e03bb8d1e310VgnVCM10000071d60f89RCRD&appInstanceName = default.

——. 2013b. Strategic Action no. 13：Open Government by Design. Toronto, On. http：//

www1. toronto. ca/City% 20Of% 20Toronto/City% 20Clerks/Corporate% 20 Information% 20Management% 20Services/Teaser/Strat% 20Action% 2013% 20 Open% 20Gov% 20by% 20Design% 20Implementation% 20Steps% 20FINALN_1. pdf.

——. 2013c. Strategic Actions, 2013 – 2018. Toronto, ON. http: //www1. toronto. ca/ City% 20Of% 20Toronto/City% 20Manager% 27s% 20Office/Files/StratActionsBklt_Tags. pdf.

——. 2014a. Open Data. http: //www1. toronto. ca/wps/portal/contentonly? vgnextoid = 9e56e03bb8d1e310VgnVCM10000071d60f89RCRD.

——. 2014b. Open Data – Data Catalogue. http: //www1. toronto. ca/wps/portal/ contentonly? vgnextoid = 1a66e03bb8d1e310VgnVCM10000071d60f89RCRD.

Toronto, City Clerk's Office. 2013. Information Management Framework. Toronto, ON. https: // www1. toronto. ca/City% 20Of% 20Toronto/City% 20Clerks/ Corporate% 20Information% 20Mana gement% 20Services/Files/pdf/I/IMFrameworkToronto. pdf.

Toronto, Corporate Information Management Services. 2012. Open Data Policy. http: //www1. toronto. ca/wps/portal/contentonly? vgnextoid = 7e27e03bb8 – d1e310VgnVCM10000071d60f89 RCRD.

Ubaldi, Barbara. 2013. Open Government Data: Towards Empirical Analysis of Open Government Data Initiatives. OECD Working Papers on Public Governance no. 22. OECD Publishing. doi: 10. 1787/5k46bj4f03s7 – en.

US National Archives and Records Administration. 2014. Open Government at the National Archives. http: //www. archives. gov/open/.

Vancouver. 2013. Digital Strategy. Vancouver, BC. http: //vancouver. ca/files/cov/ City_ of_Vancouver_Digital_Strategy. pdf.

——. 2014a. Corporate Business Plan. Vancouver, BC. http: //vancouver. ca/files/cov/ corporate – business – plan. pdf. Through a Records Management Lens 189

——. 2014b. Open Data Catalogue. http: //vancouver. ca/your – government/open – data- catalogue. aspx.

——. 2014c. Talk Vancouver. https: //www. talkvancouver. com/Portal/default. aspx. Vancouver Chief Librarian. 2013. Digital Strategy, RR2 Administrative Report. Vancouver, BC. http: //former. vancouver. ca/ctyclerk/cclerk/20130409/ documents/rr2. pdf.

Vancouver, Standing Committee on City Services & Budgets. 2009. Item No. 5 – Open Data, Open Standards, Open source, Vancouver, BC. http: //former. vancouver. ca/ ctyclerk/ cclerk/20090521/documents/csb5. pdf.

Yu, Harlan, and David G. Robinson. 2012. "The New Ambiguity of 'Open Government'." *UCLA Law Review Disclosure*, 59: 178 – 208. doi: 10. 2139/ssrn. 2012489.

Yukon. 2011. Geomatics Yukon. http: //www. geomaticsyukon. ca/.

Zuiderwijk, Anneke, and Marijn Janssen. 2014. "Open Data Policies, Their Implementation and Impact: A Framework for Comparison." *Government Information Quarterly*, 31 (1): 17 – 29. http: //dx. doi. org/10. 1016/j. giq. 2013. 04. 003.

Zuiderwijk, Anneke, Marijn Janssen, Sunil Choenni, and Ronald Meijer. 2014. "Design Principles for Improving the Process of Publishing Open Data." *Transforming Government: People, Process and Policy*, 8 (2): 185 – 204. http: //dx. doi. org/ 10. 1108/TG – 07 – 2013 – 0024.

Zuiderwijk, Anneke, Keith Jeffery, and Marijn Janssen. 2012. "The Potential of Metadata for Linked Open Data and its Value for Users and Publishers." *Journal of eDemocracy and Open Government*, 4 (2): 222 – 44.

# 第三部分
# 云文件与云档案馆

　　本部分讨论了建立档案云服务所需的关键过程，探索了电子文件安全的概念，分析了两个基于云的数字档案馆模型，提出了档案云服务模型，讨论了长期保存电子签名文件在可便携性、连续性和可持续性方面的问题；介绍了德国巴登-符腾堡州立档案馆开发的用于不同类型电子文件的鉴定、收集、管理、著录、访问和长期保存的数字库软件；探讨了由大草原和太平洋大学图书馆联盟（COPPUL）、Artefactual系统公司和英属哥伦比亚大学图书馆共同开发的、基于云的数字保存服务的"Archivematica即服务"模型，详述了该模型的实施问题和未来的发展方向。

# 档案云服务

## ——电子签名文件长期保存的可移植性、连续性和可持续性

赫尔沃耶·斯坦科

艾瑞恩·拉玛

赫尔沃耶·卜子卡 [*]

施 蓓 吴 爽 范雯然 [**]

## 引 言

数字文件通常被存储在数字档案馆中——如果遵从相关标准，这是长期保存数字文件的相当稳妥的解决方案。然而，云存储的快速增长可能会降低数字文件保存的整体质量水平，因为云储存主要关注存储文件的可访问性。时间戳或（高级）电子签名越来越多地被用在数字文件上，并且用（合格）证书与数字文件相关联。这使得数字文件真实性、完整性、可靠性、可用性和不可抵赖性的保障更加复杂。存储在云中的文件还面临法律管辖权的问题，这更增加了额外的不确定性。以往相对可控的数字档案环境随着云服务的使用开始变得不稳定。云服务提供商（CSP）作为新的参与

* 赫尔沃耶·斯坦科（Hrvoje Stancic），克罗地亚人，博士，萨格勒布大学人文与社会科学学院副教授，InterPARES Trust 研究员。主要研究兴趣为信息系统、社会科学计算等。

艾瑞恩·拉玛（Arian Rajh），克罗地亚人，博士，萨格勒布大学人文与社会科学学院讲师，克罗地亚医疗产品与医疗器械局文件与项目管理处主管，InterPARES Trust 研究员。主要研究兴趣为机构文件管理与保存。

赫尔沃耶·卜子卡（Hrvoje Brzica），克罗地亚金融部应用开发中心主管。主要研究兴趣为软件涉及与开发。

** 译者：施蓓，任职于中国人民大学信息资源管理学院；吴爽，任职于中国人民大学信息资源管理学院；范雯然，任职于中国人民大学信息资源管理学院。

者正被引入到将文件入馆这一工作过程中来，而之前这一工作过程只涉及档案馆和文件生成者两方。在这个新形势中，档案馆的作用发生了变化。虽然监管后范式已将档案馆的作用从档案保管者转变为文件生成者的监管人，但云服务的介入可能会使这一模式得到进一步发展。档案馆应尝试影响云服务提供商，使其开发更符合档案标准的服务；同时，为文件生成者提供咨询，指导他们使用云服务、建立文件入馆或提出合适的文件入馆要求。

本文的目的是分析相关标准，解释长期保存背景下公钥基础设施（PKI）所含的要素，简要介绍云解决方案背后的概念，讨论云中的档案保存，在可信的云服务的背景下研究电子记录安全的概念，分析两个基于云的数字档案馆模型，最后，基于以上讨论提出一个支持电子签名文件长期保存的云存档服务模型。

## 1. 相关标准

ISO 15489 是一项基本的文件档案管理标准，旨在指导建立公共和商业机构中的文件档案管理环境、文件档案管理政策、内部实践、系统、培训和其他机制环境。它还定义了文件的预期质量（该定义针对存储在文件档案管理系统中的电子文件和信息，并在 ISO 15801 中得到扩展）。与 ISO 15489 相关的标准引导从业者在设计文件档案管理环境和系统之前分析其业务过程并理解业务环境（ISO 26122），设计相关元数据方案（ISO 23081），评估相关风险（ISO 18128），并在自动化系统环境（ISO 14641）中充分利用数字化的（ISO 13028）和数字生成的文件（ISO 16175，ISO 13008）开展工作。ISO 17068 规定了在第三方存储库中必须满足哪些要求。此外，还有几个关于信息安全的 ISO 标准，ISO 27001 就是其中之一。ISO 16363 规定了评估数字存储库和系统的可信度的做法，ISO 16919 规定了根据 ISO 17021 和 ISO 16363 标准的认证机构的要求。ISO 14721 定义了档案馆的参考模型，即能够长期保存信息、文件和数字对象的系统或数字存储库；定义了由生产者、档案馆（系统、数字储存库）、管理层和消费者组成的现代档案环境；还定义了具有诸如摄取、档案存储、数据管理、系统管理、保存规划和访问等功能实体的系统的基本功能模型。最后，定义了信息对象和信息包的逻辑信息模型（信息包包括生产者或客户端发送给档案馆的提交信息包，保存在系统中的存档信息包，以及为指定群体进一步使用而准备的分发信息包）。

## 2. 电子签名文件长期保存的 PKI 原理

数字文件的长期保存需要一个复杂的数字解决方案（Brzica，Herceg and Stancic，2013）。这个方案应对电子签名、数字证书、不可抵赖性、可信档案服务、时间戳和可信数字时间戳等术语进行解释。然而，为了更好地理解这些术语，首先需要解释 PKI 的含义。

1）PKI

PKI 相当于一个用于管理电子身份的复杂的信息基础架构。PKI 主要依赖于非对称加密。非对称加密实际上依赖于数学上相关的一对密钥，一个称为公钥，另一个称为私钥，它们自生成起就需要一起使用。私钥是保密的，只由其所有者使用，而公钥供任何需要的人使用（Jacobs et al.，2003）。现代系统可以很容易地使用长度为 2048 个字符的密钥，而且这种密钥不可能被破解，甚至今天的超级计算机都不能做到。

2）电子签名和高级电子签名

有两种类型的电子签名，即基本型（通常称为"电子签名"）和高级型（Brzica，Herceg and Stancic，2013）。欧洲电信标准委员会将电子签名定义为：

> 基本上相当于手写签名，是将电子形式的数据附加到其他电子主体数据上（发票、付款单、合同等）作为认证手段。电子签名不仅仅是手写签名的"图片"，它是一种数字签名，使用数据的加密变换以允许数据的接收者证明主题数据的来源和完整性（Electronic Signature，n. d. ）。

EC Directive 1999/93（欧盟指令）关于电子签名社区框架的立法指出，电子签名需要满足以下要求才能成为高级电子签名：

> a）与签署人唯一相关；
>
> b）能够识别签字人；
>
> c）通过签名人唯一控制下的手段创建；
>
> d）签名后数据的任何改变都可被检测到。

### 3. 数字证书与合格数字证书

数字证书是用于确认个人、组织或机器身份的数字文件。数字证书在一定时期内有效，并且包含几个附加元素。EC Directive 1999/93 允许发布合格证书，该证书是基于 RFC 3039 标准的（Santesson et al.，2001），并且使用了不可抵赖的概念。指令附录 I 规定了合格证书的要求。合格证书必须包括：

- 作为合格证书签发的指示；
- 认证服务提供者的身份及其所在国的名称；
- 签字人或化名的名称，并相应标明；
- 根据证书的目的，提供签字人的特定属性（如果有关的话）；
- 签名验证数据，对应于签字人控制下的签名创建数据；
- 证书有效期开始和结束的指示；
- 证书的身份代码；
- 证书服务提供商的高级电子签名；
- 证书使用范围的限制（如果适用的话）；
- 对可以使用证书的交易价值的限制（如果适用的话）。

根据卡尔·华莱士（Carl Wallace）、乌尔里希·波兹齐（Ulrich Pordesch）和拉尔夫·布兰德纳（Ralf Brandner）（2007）的研究可知，数字时间戳是由时间戳权威机构（TSA）生成的证明——是一种可信的服务，是在某个时间存在的数据项。贾丝明·乔希齐（Jasmin Cosic）和米罗斯福·巴卡（Miroslav Baca）（2010）描述道：

> 时间戳通常用于记录事件，在这种情况下，日志中的每个事件都标记有时间戳。在文件系统中，时间戳可以指代文件创建或修改的存储日期/时间。可信时间戳是安全地跟踪记录的创建和修改时间的过程……可信的时间戳权威机构可用于证明数字证据存在的每个阶段的一致性和完整性。

1）电子签名格式

在前面的讨论中，解释了支持电子文件可信的技术和概念。研究表明，电子签名的概念可以被视为开发所有其他技术的基础。此外，电子签名可以通过几种电子签名格式来实现：XML 数字签名（XMLDSig）、XML 高级电子签名（XAdES）、加密消息语法高级电子签名（CAdES）和 PDF 高级电子签名（PAdES）（Brzica，Herceg and Stancic，2013）。

### 4. 云服务

通常，云解决方案可以以各种形式部署，例如，可由任何人使用的公共云；由单个组织私人使用的私有云；由一组用户使用的社区云或混合云。使用云解决方案的用户会被提供软件或应用程序、平台或整个环境，以及基础设施或整个虚拟数据中心（Stancic；Rajh and Milosevic，2012）。是否开发云托管系统或内部系统取决于组织的信息技术（IT）环境的复杂性、所需的功能、组织规模、数据量、法律法规、内部专家的 IT 技能、资源，以及运营成本（Cloud：On - Premise or Hybrid，n. d.）："应用程序和服务需要在最高效的地方运行，不仅仅是因为成本是最有吸引力的选择。从长期来看，落入'全云'解决方案的陷阱可能证明是更昂贵的、耗时的和有问题的"（On - Premise versus Cloud - based Solutions，2010）。

### 5. 云保存过程

正如苏克·麦克米什（McKemmish，2013）所说：

> 云计算提供了有吸引力的优势，包括显著的成本节约、效率、灵活性和可扩展性，以及创新开发和提供新服务的机会。但同时云计算也为云中的数据和文件的安全性、隐私性、完整性、真实性、可访问性和数字连续性带来了重大风险。此外，还有商业连续性和云服务透明度的问题，而后者会影响保管和存档。

所有这一切都产生了文件在云中的信任问题。为了尽量减少风险和最大化利益，应该使用在云中存档的标准化过程。

在云环境中存档的一般业务过程应包括创建者和云服务提供商两部分（见图 1）。创建者创建可持续格式的记录并以电子方式对其进行签名。验证数据应保存以备后用。在向选定的服务提供商提交文件之前，应检查记录和签名，并且该记录应声明为文件。然后服务提供者摄取文件并处理它们。所有文件可以使用合格的时间戳机制进行验证。存档应通过在辅助位置创建副本来完成。数字保存程序应包括文件格式迁移（如果需要的话）。服务提供商应该使用可信档案服务（TAS）仿真器定期验证签名文件。可信的档案服务过程被视为具有其自身机制（例如时间戳）的特定子过程。根据需要向生产者提供文件。当未达到验证/校验标准时，服务提供商应积极促进长期保护措施，并与生产者沟通。

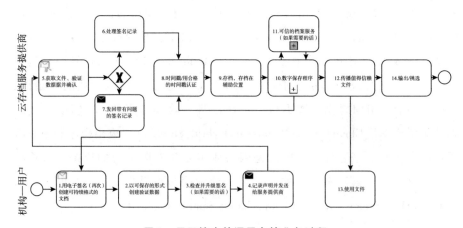

**图1　云环境中的通用存档业务过程**

乔斯·达莫诘（Jos Dumortier）和索菲·凡·狄（Sofie Van den Eynde）解释道：

> 即使存档多年以后签名创建时的应用程序已经不再使用了，TAS仍必须保证可以实现对存档文件的验证。换句话说，TAS需要保存一系列的应用（浏览器以及签名验证应用程序）和相应的平台（硬件、操作系统）或者至少是该种应用程序或环境的模拟器以便保证记录中的签名在多年之后仍可被验证。

## 6. 可信云服务：基本概念

为了更好地理解构建可信云服务的复杂过程，需要分析一下电子文件安全（EDS）这一基础概念。下文将以政府发布的官方文件的安全存储为例对这一概念进行解释，阐明如何在长期保存中保持数字签名记录的真实性及可信性。

1）EDS

在云服务环境中下，Peter Deussen 和他的同事将 EDS 定义为对于官方文件（例如，用作公民支持服务的一部分）的安全存储。EDS 的功能在于确保官方电子文件的长期保存并在政府、企业和公民之间建立电子工作流。政府机构工作人员可以在任何用户的 EDS 中存储记录。在用户方面，他们仅可以接触到自己的 EDS。为了这样做，他们需要提供一个特定应用进行安全加密通信和防伪认证。德国弗劳恩霍夫研究所（Fraunhofer Institute）开发了一种称为 eSafe 的 EDS 版本。eSafe 认为文件应该储存在可信、安全的云基础设施里，这一点与 EDS 相同，但是它进而发展为分裂机制，将文件分布存储在多个云存储提供商处，从而使得未经授权者很难检索到最初的记录（Breitenstrom，Brunzel，and Klessmann，2008）。

关于开发 EDS 的可行性，至少有两个假设性问题需要被解决：隐私保护以及长期服务的可用性。Christian Breitenstrom、Marco Brunzel 和 Jens Klessmann 通过分析公共云基础设施中存储个人信息的要求以及使用这些数据与政府公共部门的互动等问题，来讨论在隐私保护中的数据保护问题。很明显，当 EDS 建立后，公民就可以被批准将个人数据以电子方式存储和处理。因此，数据隐私的前提是公民必须信任 EDS 服务商。因为在 EDS 中的数据都是进行过加密的，即便是提供商也看不了，可以说"数据保护障碍"比较低，并且所应用的原则可以被定义为数据匿名化。

其次，如果我们将 EDS 视为支持管理过程的技术解决方案，那么政府就应该保证并承担责任，确保服务的持续可用性。对于某些文件，需要保存一百多年。因此，最重要的问题是私营企业如何才能保证自己公司的持续存在和未来的业务方向。可能的解决方案就是使政府云提供商作为后备（业务连续性）保障，同时也允许公共部门提供商参与到电子文件和档案存储的新兴电子市场中来（Deussen et al.，2012）。当然，为实现这一目标，需要首先解决政治和预算等相关问题。为在云中建立 EDS 方案，需要开发的基础架构如图 2 所示。

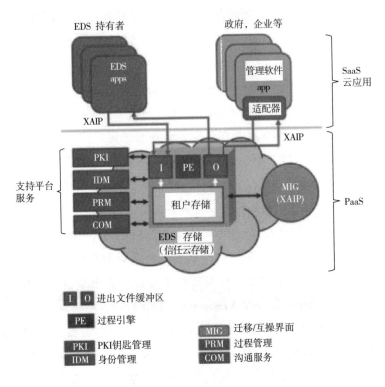

**图 2　EDS 基础架构（Deussen et al.，2012）**

　　EDS 系统的主要组成部分是 EDS 存储——它是一个基于云的基础架构，可提供存储、访问和管理功能，由租户存储器构成，存储器里包含 EDS 用户的记录和用于处理访问授权和使用的若干组件。I/O（Input/Output）组件负责管理存储那些经授权后存入 EDS 或发送给用户的记录，而 PE 组件（Process Engine）负责协调实际使用。EDS 中使用的文件表示格式是 XML 格式的存档信息包（XML formatted Archival Information Package）。诸如 XAIP 或 UOF（Universal Object Format）的长期保存数据格式通常包含数据和元数据的组合。例如，XAIP 是为档案系统设计的，其结构基于联邦信息安全局的技术指令——2011 年的《图形加密签名文件证据的保存》（*Preservation of Evidence of Crypto - graphically Signed Documents*）。

　　档案信息包是一个 XML 文件，包含数据和相应的元数据，而 UOF 则基于元数据编码和传输标准将数据和元数据分别存储在两个文件中（Potthoff，

Walk and Rieger, 2013）。具体来说，XAIP 由四部分组成：①存档包标题，包含关于 XAIP 逻辑结构的信息；②描述内容数据的业务背景和存档背景的元信息；③包含加密文件的内容数据；④证书部分，包含数字签名、数字证书，以及验证数字签名和数字时间戳所需的信息。因此，XAIP 结构的最后一部分提供了关于存档数据对象的真实性、完整性和可信赖性的相关信息。

2）文件迁移

在长期保存期间，当提供 EDS 的一个 CSP 停止服务时，记录就会转移到另一个提供 EDS 的 CSP 上。这也就是 EDS 架构具有迁移接口的原因。由于保存的材料包含将被用作证据的文件，因此，需要签名以保证其真实性，而且从一个 EDS 提供商向另一个迁移时需要遵守相应的法律法规，这些法律法规是对负责文件的最初发布和后续处理的机构起规范作用的（Deussen et al., 2012）。如图 3 所示，档案对象的迁移过程由它们的标识符识别（即档案对象标识符或 AOID），从 EDS 1 的租户存储中（CSP A）迁移到 EDS 2 的租户存储（CSP B）中。这需要认证服务、签名验证服务和加密服务共同来实现。此外，支持数据加密的任何传输协议都可以用于 XAIP 的迁移。

## 7. 两种基于云的数字档案馆模型

后文中提出的一种支持长期保存的档案云服务模型是基于德国和立陶宛开发的两个模型。

1）德国：联邦信息安全局

德国联邦信息安全局（Bundesamt für Sicherheit in der Informationstechnik, BSI）开发了一套基于 ISO 标准及德国联邦档案法的数字签名记录长期保存模型。[①] BSI 还发布了专门的技术指南——"BSI 关于保护加密签名文件证据的技术指南 03125"——来解释这个长期保存系统的架构。

---

① 《欧盟关于建立电子签名共同法律框架的指令》（EC Directive 1999/93 on a Community Framework for Electronic Signatures），[2000] OJ L13；德国联邦档案法（Bundesarchivgesetz），1988，http://www.bundesarchiv.de/bundesarchiv/rechtsgrundlagen/bundesarchivgesetz/index.html.en。

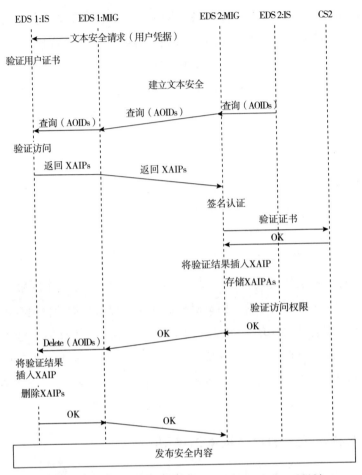

图3 EDS1 至 EDS2 记录迁移（Deussen et al. , 2012）

　　BSI 架构包含两个部分：①用于长期存储的 IT 基础架构。②对数据和文件进行存档或处理的 IT 应用程序。用于存档的 IT 基础架构通常包括：

　　●企业内容管理/长期存储系统，通常包括和管理各类档案存储介质，并保证对存储介质的可靠和安全访问，以存储、检索和删除存档文件和数据。

　　●中间件，包括加密组件。该加密组件能够支持证据法所要求的档案记录和数据所必备的要素（见图4）。

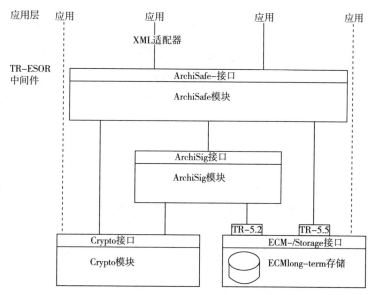

**图 4　BSI 参考架构（Federal Office for Information Security，2011）**

2）立陶宛：电子档案信息系统

立陶宛的第一个电子签名系统是保险公司的电子服务系统（EDAS）。EDAS 是由立陶宛国家社会保险基金董事会于 2007 年发起的。EDAS 系统使用 XAdES 格式的电子签名来签署文件。虽然元数据可以作为 XML 元数据文件中的子树进行单独签名，但立陶宛方法的基本原则为：元数据是电子文件的组成部分。

2011 年，立陶宛进一步开发电子档案信息系统（Elektroninio Archyvo Informacine Sistema，EAIS），这是立陶宛政府实现全电子记录办公准备工作的最后一步（Elektroninio Archyvo Informacine Sistema，2011）。EAIS 使得高级电子签名签署的官方电子记录作为档案留存。该系统在文件长期保存期间可以保证其完整性、真实性、不可抵赖性及其可用性。EAIS 架构包括公共门户、内部门户和电子记录的存储。存储由两个地理距离遥远的电子档案数据中心完成。公共和内部门户的模块如图 5 所示。

## 8. 支持长期保存的档案云服务模型

本文提出的支持长期保存的档案云服务的模型是基于先前解释的电子

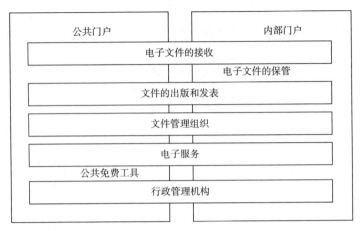

图 5 EAIS 模型（Ragaisis et al.，2012）

记录安全概念和两个实现模型，并将电子签署文件和档案云环境的特征作为业务过程考虑在内。

1）系统功能

支持电子签署文件长期保存的档案云服务应保持存储文件的完整性、真实性和机密性。它应使文件可查找和可利用，即保持其可读性，并实施数据保护和系统安全。同时，存档云服务应提供诸如文件创建、电子签署、未签署和签署的文件的存档、文件发布（电子签名的可视化）、索引、存档文件的检索、证据提供条款、不破坏所存文件证据能力的保存程序、文件的删除和管理之类的功能。

云服务至少存在两个访问点：一个是内部的，作为记录和档案的生成者由政府机构使用；一个是外部的，由利用文件的公民使用。立陶宛利用 EAIS 系统的经验表明，如果有免费的软件工具提供，例如，用于记录准备、电子签署、查看和官方数字记录验证的软件工具，用户将会接受提供这样一个体系。这些工具既可以是连接到云服务的桌面应用，也可以是 Web 应用 [例如，software-as-a-service（SaaS）方法]。

系统中可以添加自动化过程，例如，以 PDF/A 格式存储的记录数字化过程或在 PDF/A 格式记录中嵌入电子签名的过程。电子健康领域就是这样一个典型案例，如 X 光影像之类的医疗文件就需要有一个被扫描和存档的过程。

2）关键过程

为了运行支持长期保存的档案云服务系统，需要具备以下条件：

● 电子签署和时间戳应在相关法律框架内以安全可信的方式被创建、验证、更新和存储。

● 电子签名后续验证所需的数据应在其生成和/或验证后立即被获取。验证数据应与文件一起提取。

● 所有验证步骤和验证结果应以可以确保以不可抵赖性的格式被记录和存储。

● 在加密算法中使用的保护措施到期之前，应该更新电子签署。更新应根据法律法规以（半）自动化且经济的过程进行。

● 由于技术的进步，当今被认为强大的加密算法在未来肯定会变弱，因此，应该添加数字时间戳。这样，为了重新签署已有电子签名的文件，只需用一个合格的时间戳对其进行验证就足够了，但这个时间戳至少应包含一个合格的电子签名。

● 用于访问保存文件的内容的系统组件应支持可视化电子签名、证书及其验证的结果。

● 未签署文件在长期保存中需要通过加密方法来确保其完整性，例如，散列值或电子签名和合格的时间戳。

● 为了应对数据复制和灾难复原的情况，系统至少在两个地理位置遥远的地点分别部署。

● 该系统应具有可信的档案服务程序，也就是说，即使文件在入档多年后其电子签名和数字时间戳的应用方案已经过时，也要确保电子签名档案的验证程序可用。

3）系统架构

支持长期保存的档案云服务系统的架构应至少包括三个主要层面：①应用层；②中间层；③存档层（见图6）。

（1）应用层适用于 Web 或门户以及桌面应用。应用程序用于创建符合可存档的长期保存格式（例如，XML 转化的 PDF/A）的文件，还应具有验证电子签名的功能。为了实现对长期保存中的电子签名的验证，建议将证

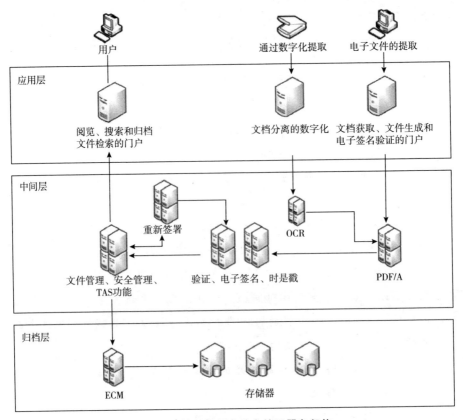

**图6　支持长期保存的存档云服务架构**

明电子签名有效性的验证数据与签署的文件一起作为证据存档。应用程序还可作为可信阅读器使用。可信阅读器是用来查看电子签名文件的，它们作为应用的一部分来辅助实现高级电子签名的展示。应用层不仅是一个接口，还应具有文件存档的功能，并能对存档的文件和证据进行查询和检索。

（2）中间层是控制应用对档案存储访问的标准、安全关卡。该层在逻辑上将应用层中的应用与长期存储器分离。所有操作（如，写入、更改或删除）都在此层完成。它具有证据保存所需的加密功能，例如，电子签名的创建、电子签名的验证、电子签名档案信息包的验证、证书验证、散列值的计算，以及合格时间戳的请求和验证。TAS功能允许存储软件模拟器，该模拟器是用于验证和查看由以前过时的软件生成的电子签名文件模拟器。可以用对已有电子签名的文件进行重新签署的功能来代替TAS功能，因为它能够使用最新的签名格式重新签署文件。重新签署的过程应尽可能自动完成。

（3）存档层是用来长期存储存档文件的。它包括主存储器和远程存储器。云存储物理组织的技术原理运用于此。

## 9. 讨论

鉴于文件生成者通常不是档案机构，缺乏电子签名文件长期保存所需的基础设施、技术能力和工作知识，因此档案云服务的想法十分具有吸引力。但是，由于档案立法、信息保护和国家利益，这种想法也面临着一定的挑战。正如 McKemmish（2013）所述，国家立法对象可以扩展到服务提供商，无论其客户是否是本国居民，无论其数据中心位于何处。现在，利用位于文件生成者国家的数据中心的情况变得越来越普遍，因为这样便可以运用文件生成者的本国法律。服务提供商要确保遵守相应的文件生成者所在区域的法律背景。

当文件生成者决定将文件在云中存档时，有四个方面需要考虑：保持可移植性、数字化连续性、环境可持续性和对相应法律背景的遵守约定。可移植性有两个含义。

首先，它表示在提取过程中将电子签名的文件从生成者传输到 CSP 环境下且不丧失文件的可靠性、真实性和可信性。此时建议采用批准程序、验证程序和文件格式检查等机制。然而，如果生成者使用 CSP 的 SaaS 概念生成文件作为存档服务（archive－as－a－service）概念的补充或一部分，鉴于这些文件已在云中创建，那么此时就无须考虑该种意义的可移植性。

其次，可移植性是指将生成者生成的文件从一个 CSP 传送到另一个 CSP 的可能性。例如，即使 CSP 停止工作，文件的可靠性、真实性和可信性也不会受到损伤。

数字连续性指的是在其保管期限内，根据客户机构的业务需求，将电子签名文件存档，确保其可用性（National Archives of Australia，2015）。CSP 提供的 TAS 功能是确保数字连续性的可用措施之一。应该记住，可移植性概念是数字连续性概念所固有的。

可持续性关系到整个 CSP 环境的质量，可以通过 CSP 运用的技术措施和财务能力确保，并由创建者评估。例如，用于实现解决方案的技术是基于人们熟知的稳健的方法，可以对抗技术的过时性；第三方提供商可以确保有足够数量的全职技术工作人员和管理人员，并且文件生成者可以核查 CSP 的财务稳定性。最后，为了保护记录中包含的信息及其证据能力，文件生成者会要求 CSP 在其国家境内存储文件。

## 10. 结论

可移植性、连续性和可持续性的概念是相应的法律框架未在所有地方完全建立时，档案云服务对电子签名文件进行长期保存的前提条件。实现可移植性、连续性和可持续性可以强化文件生成者对 CSP 的信任，从而加强生成者对自己存档文件的信任。文件生成者的公信力将取决于这些要求的满足程度。可移植性对文件成功转移到新的 CSP 环境中至关重要，可持续性可以确保这种环境是稳定的，连续性可以确保在导入和传播点之间对文件的维护。环境和服务的稳定性是双重的——它是在假设 CSP 技术完美、响应环境变化，且金融稳定的前提下提出的。连续性和稳定性的技术部分可以被视为对 OAIS 参考模型保存规划功能的进一步阐述。它们在概念上与保存规划功能具有类似性，但是连续性只针对信息和文件的层级，而稳定性则在此层级之上，根据内置机制和方法扩展了系统保存信息和文件的能力。CSP 将文件格式转换为升级格式并提交给客户就是满足连续性要求的一个典型案例。当目标文件格式需要被升级时，旧的转换工具不能正确地完成该工作，CSP 从一个转换工具切换到另一个转换工具，这就是技术稳定性一个典型案例。所有这些标准都很难在 CSP 的招标程序和合同中定义，但可以在合同中对合同执行第一阶段的信息包原型测试、阶段性测试以及技术变更后的测试进行预设和规定。本文介绍的模型和其基本原则，以及支持长期保存的档案云服务推荐模型，可以被用来指导档案 CSP 的选择或用于建立此类的云服务。

## 11. 致谢

这项研究是在国际跨学科研究项目 InterPARES Trust（http：//www.interparestrust.org）的支持下完成的。

## 参考文献

Breitenstrom, Christian, Marco Brunzel, and Jens Klessmann. 2008. White Paper: Elektronische Safes für Daten und Documente. Berlin: Fraunhofer Institut für Offene Kommunikationssysteme. http: //wwwold. fokus. fraunhofer. de/de/elan/_docs/_hppgruppe/esafe_white - paper_081219. pdf.

Brzica, Hrvoje, Boris Herceg, and Hrvoje Stancic. 2013. "Long - term Preservation of Validity of Electronically Signed Records." In INFuture 2013: Information Governance. Zagreb: Deaprtment of Information and Communication Sciences, ed. Anne Gilliland, Sue McKemmish, Hrvoje Stancic, Sanja Seljan, and Jadranka Lasic - Lazic, 147 - 158. Zagreb: University of Zagreb, Faculty of Humanities and Social Sciences.

Cloud: On - Premise or Hybrid. n. d. Bluesource Information Limited. https: // d3759s1c6gf66q. cloudfront. net/u/_201211/52981741/59991441/dtwRJfTb/ CloudOn - premiseorHyb-rid. pdf

Cosic, Jasmin, and Miroslav Baca. 2010. "(Im) Proving Chain of Custody and Digital Evidence Integ - rity with Time Stamp." MIPRO: Proceedings of the 33rd International Convention, pp. 1226 - 1230.

Deussen, Peter, Klaus - Peter Eckert, Linda Strick, and Dorota Witaszek. 2012. Cloud Concepts for the Public Sector in Germany: Use Cases. Berlin: FOKUS Fraunhofer Institute for Open Communication Systems.

Dumortier, Jos, and Sofie Van den Eynde. n. d. Electronic Signatures and Trusted Archival Services.

Electronic Signature. n. d. http: //www. etsi. org/technologies - clusters/technologies/security/electronic - signature.

Elektroninio Archyvo Informacine Sistema. 2011. http: //eais - pub. archyvai. lt/eais/.

Federal Office for Information Security. 2011. BSI Technical Guideline 03125 on the Preservation of Evidence of Cryptographically Signed Documents. Bonn: Federal Office for Information Security.

Jacobs, J., L. Clemmer, M. Dalton, R. Rogers, and J. Posluns. 2003. *SSCP Study Guide. Sebastopol.* CA: Syngress Publishing.

McKemmish, Sue. 2013. "Recordkeeping and Archiving in the Cloud. Is There a Silver Lining?" In Information Governance, ed. Anne Gilliland, Sue McKemmish, Hrvoje. Stancic,

Sanja Seljan, and Jadranka Lasic – Lazic, 17 – 29. Zagreb: University of Zagreb, Faculty of Humanities and Social Sciences, Department of Information Sciences.

National Archives of Australia. 2015. What Is Digital Continuity?

On – Premise versus Cloud – based Solutions. 2010. White Paper. GFI Software.

Potthoff, Jan, Marius Walk, and Sebastian Rieger. 2013. "Data Management According to the Good Scientific Practice." In The Fifth International Conference on Advances in Databases, Knowledge, and Data Applications, pp. 27 – 32.

Ragaisis, Saulius, Adomas Birstunas, Antanas Mitasiunas, and Arunas Stockus. 2012. "Electronic Archive Information System." In Databases and Information Systems: Tenth International Baltic Conference on Databases and Information Systems—Local Proceedings, Materials of Doctoral Consortium, ed. Albertas Cˇaplinskas, Dzemyda Gintautas, Audrone Lupeikiene, and Olegas Vasilecas, pp. 107 – 114. Vilnius: Zara.

Santesson, S., W. Polk, P. Barzin, and M. Nystrom. 2001. Public Key Infrastructure: Qualified Certificates Profile, Internet X: 509. Internet Society, pp. 1 – 35. http: // www. internetsociety. org.

Stancic, Hrvoje, Arian Rajh, and Ivor Milosevic. 2012. "Archiving – as – a – Service: Influence of Cloud Computing on the Archival Theory and Practic." In The Memory of the World in the Digital Age: Digitization and Preservation, ed. Luciana Duranti and Elizabeth Shaffer, pp. 108 – 125. Vancouver: UNESCO.

Wallace, C., U. Pordesch, and R. Brandner. 2007. Long – Term Archive Service Requirements. IETF Trust. http: //dx. doi. org/10. 17487/rfc.

# 公共云档案馆

## ——梦想还是现实?

安娜·索克萨克[*]

张汪媛　马林青[**]

本文旨在呈现由德国巴登－符腾堡州立档案馆设计的协同关系模型,该模型主要应用于数字保存和数字档案馆的建设。德国拥有 2300 多个档案馆,它们可以被分为以下类别:国家的、城市的、学术研究机构的、大众媒体的、教会的、政治组织的、议会的、商业的、私人的以及家庭的。本文主要着眼于国家档案馆系列中的州立档案馆。根据现行的行政区划,德国共有 16 个这样的机构,分别设立于每个州内。[①]

巴登－符腾堡州立档案馆位于德国西南部,是德国代表性的以信息技术(IT)为导向的档案馆,同时也与德国联邦档案馆等一同被视为数字保存领域的领导者,负责保存州内公共机构和当地社区产生的文件。该档案馆拥有德国最古老的电子文件(Naumann,2007),有 1961 年到 1970 年间当地人口普查的电子数据(包括统计数据、图片和程序)。[②]

电子文件的问题早在 20 世纪 60 年代的德意志联邦共和国与德意志民主共和国时便已出现。当时,德意志民主共和国的档案工作者已经在思考哪

---

[*] 安娜·索克萨克(Anna Sobczak),波兰人,博士,什切青大学人文学院教授,InterPARES Trust 研究员。主要研究兴趣为数字档案馆、网络保存等。

[**] 译者:张汪媛,任职于中国人民大学信息资源管理学院;马林青,任职于中国人民大学信息资源管理学院。

① 德意志联邦共和国作为联邦议会制共和国,由 16 个有限自治的地区组成。它们被称为 land,也就是州。

② 更多信息参见 Keitel(2004)。

种存储介质最有利于数据的保存,[1] 而此时德意志联邦共和国的档案工作者才刚开始考虑如何保存和存储数字环境中产生的数据。他们当时提出了很多方案,例如,将所有资料打印出来或者记录在缩微胶片上,[2] 但最终仍决定采用其原生形式,即数字的形式进行保存。联邦档案馆提议将已产生的所有的电子文件收集起来,但是强大的联邦主义精神使之实现无望。不过,从电子文件开始向档案馆移交时起,档案工作者就开始开发电子工具来管理并维护它们,使其免被淘汰或废弃(Ullmann,1998)。随后他们也意识到,档案工作者间需要互相交流,并与其他行政机构沟通,在文件生成甚至系统设计和运行过程中,在技术问题(比如,文件格式、元数据描述深度等)上达成一致(Kluttig,2006)。[3]

21 世纪初,巴登－符腾堡州立档案馆和联邦档案馆创建了德国首批电子文件[4]存储库。存储库的设计基于开放档案信息系统(OAIS)模型,涵盖了对可信文件的入存、存储、统筹、管理、访问和保存等方面(Keitel and Lang,2010;Keitel,2013b)。然而在笔者看来,数字存储库的起源可以追溯到第一个收集文件描述性元数据的数据库。这些数据库后来又发展成了更先进的数据系统。

通常而言,有三种数字保存主体为德国档案工作者所熟知,分别是:文件生成者、第三方(服务提供商)以及公共档案馆(National Library of Australia,2003)。第一种观点在讨论伊始便被驳回,而最后一种则保留下来成为德国最普遍的数字保存方式。

Digitales Magazin(DIMAG)是一个名为"州立数字概念档案馆"的项

---

[1] 这种做法表明德意志民主共和国的档案工作者仍在用传统的方式整理文件材料,更加注重数据载体而非信息本身,这与现代数字保存的做法正好相反。

[2] 无论如何,在缩微胶片上保存数字文件材料的想法是由巴登—符腾堡州立档案馆成功提出的。关于这个项目的更多信息可以通过下列途径获取:
"ARCHE:Projekt mit Förderung durch—'Förderung von innovativen Netzwerken'des Bundesministeriums für Wirtschaft und Arbeit," Landesarchiv Baden – Württemberg, http://www.landesarchiv – bw. de/web/46253.
"Projekt Ausbelichtung von Farbdigitalisaten mit dem ARCHELaserbelichter. Erprobung des Echtbetriebs," Landesarchiv Baden – Württemberg, http://www. landesarchiv – bw. de/web/49137.

[3] 例如,在巴登—符腾堡州,本地档案法保证地方当局参与实施文件入存系统。

[4] "电子文件"用于表示转移到档案馆并登记入册的所有数字形式的文件,不论是数字的还是数字化的(Keitel,2010)。

目，始于 2006 年。① 在首批电子文件被移交至档案馆后不久，克里斯汀·卡特尔（Christian Keitel）便对数字保存进行了一些思考②。在那时，档案馆还没有档案保存系统，档案工作者们只听说过图书馆的电子存储库。因此，尽管档案馆和图书馆在数字资源的保存上存在差异，电子存储库还是被当作档案馆数字保存的基础。在随后的几年里，档案工作者们试图探索如何保存这种新型的电子文件，并保持其与基于模拟的基础馆藏之间的联系。他们考虑了相应的元数据标准，例如，开放档案信息系统（OAIS）、元数据编码和传输标准（METS）、内斯特手册（Nestor's Manuals）、档案著录标准：通则（ISAD - G）、档案编码著录标准（EAD）、元数据保存实施策略（PREMIS）、新西兰国家图书馆元数据模型（National Library of New Zealand Metadata Model）等。他们要做的首要工作是调研，确定当地公共机构产生的文件的所有类型。此后，数字存储库的建设便步入正轨。最开始，DIMAG 只有两个模块：文件的入存和登记。随着访问模块的加入，系统能够识别和支持更多的文件格式。DIMAG 的最终版本包含以下功能：鉴定、著录、访问、存储和保存。存储库的分层结构允许基于构造（全宗、系列、子系列、单元、对象和技术元数据定义的属性）的搜索。

这款软件自 2006 年投入使用，目前已经能够处理多种特定文件格式和功能的材料，比如文件、内部网站、视听资料以及从数据库中提取的数据（例如，土地登记文件）等类型。③ 存储库里的材料是数字形式的，可以是在电子环境中直接产生的，也可以是经由模拟材料的数字化产生的。除了建立存储库外，档案工作者还准备了文件数字保存元数据规范（Records Digital Preservation Metadata)④ 以及自动批量识别文件格式和属性的工具，

① "Baden - Württemberg, Hessen und Bayern kooperieren bei der Archivierung digitaler Unterlagen. Bundesweit einmalige Drei - Länder - Kooperation zur Software - Fortentwicklung," http：// www. landesarchiv - bw. de/highlight_hp3. php? hl_link = http：//www. landesarchiv - bw. de/ web/bundesweit_einmalige_drei - laenderkooperation_zur_software - fortentwicklung/53471&q = kooperation.

② 该项目由巴登—符腾堡州推动。更多关于"州立数字概念档案馆"项目的信息详见德国巴登—符腾堡州立档案馆 http：//www. landesarchiv - bw. de/web/44346.

③ 这是一份关于土地注册的档案，因此，在最初的 DIMAG 中做了一些变动。关于这个问题的更多信息详见 Lang（2013）。

④ 德国巴登—符腾堡州立档案馆（Keitel, Naumann, and Lang, 2008）。

这些工具统称为"入存工具清单包"（IngestList）。[1] 随着与其他档案馆（黑森州立档案馆、巴伐利亚州立档案馆）合作的开展，DIMAG 有了增加新模块的计划，比如增加用于自动提交信息包，以及用于文件入存（Keitel，2013a；Keitel，2013b；Kemper and Naumann，2013）。

DIMAG 希望用户能够通过标准互联网浏览器实现轻松访问，并且对不同用户能够按需配置。它能通过单一存储空间从多个档案馆获取档案材料，拒绝未经授权的访问，并且可以作为最终产品供用户自行安装使用，或者作为一项服务提供给其他档案机构尤其是小型机构使用（Keitel，2013a）。[2]

共享软件和提供软件服务这两个概念都不新奇，但仍然不是很常见。在德国，这些概念的发展与档案学的要求、档案学方法论以及决定软件运作的国家法律息息相关。档案共享软件在世界范围内有一些案例，例如，由人工系统公司（Artefactual Systems）与国际档案理事会（ICA）及其他国际各方合作开发的基于 Web 的开源档案著录软件 ICA – AtoM[3]。这款软件的共享成功源于国际著录标准和多语言界面的应用。

软件即服务（SaaS）方案对于那些需要保存数字文件的机构来说是一个机遇，尤其是对那些在 IT 解决方案上的预算较少而且专业知识不足的机构而言。[4] SaaS 是基于云计算的，[5] 这意味着客户可以通过远程访问获得虚拟空间。这种解决方案当然需要一些常规成本，但是比起客户自己创建基础设施并提供长期维护而言，仍然更经济（Keitel，2013a）。

巴登－符腾堡州立档案馆收到过许多关于数字保存的咨询，从这些咨询中发现，由于财政原因，未来并不是每个档案馆都有能力承受或者有意愿创建自己的数字存储库，因而德国档案工作者需要在德国档案界就合作保存和软件授权达成广泛共识。这不仅给测试 DIMAG 提供了机会，还有助于 DIMAG 寻找合作开发伙伴。DIMAG 于 2009 年开始推广软件并尝试寻找潜在的合作者。一年后，DIMAG 软件被黑森州立档案馆投入使用，2012 年在巴伐利亚州

---

① 详见 IngestList Beta，http：//sourceforge. net/projects/ingestlist/。
② 项目的技术网站的相关信息可以参考 Keitel and Lang（2010）。
③ 详见 ICA AtoM，https：//www. ica – atom. org/。
④ 美国国家标准与技术研究院（NIST）制定的软件即服务定义（NIST，2011）。
⑤ 美国国家标准与技术研究院（NIST）制定的云计算定义（NIST，2011）。

立档案馆投入使用，2014 年，又在不来梅、汉堡、梅克伦堡－前波美拉尼亚、下萨克森和石勒苏益格－荷尔斯泰因的五家州立档案馆相继投入使用。① 目前 DIMAG 共有四种类型的合作关系：存储库模式、共同开发模式、技术支持模式和提供商模式。第一种适合那些没有资源维护软件或者 IT 基础设施、但能付费使用其他档案馆的数字存储库空间的档案馆。第二种是为准备合作开发软件（比如，编写新模块）的档案馆而准备的。第三种档案馆可以将软件安装到自己的 IT 基础设施上使用并享受有限期的技术支持（包括安装和更新）。最后一种适合那些想利用外部数据处理中心提供的数字保存服务的档案馆。这和第一种类型很相似。

DIMAG 计划以商业模式建立合作伙伴关系。软件永远不会免费而且始终涉及法律问题。参与计划的档案馆必须为 DIMAG 的建设成本做出贡献，并且至少接受主要的技术方案。同时也不允许参与的档案馆反编译源代码、授权或让渡给第三方，或做出其他任何可被视为竞争性行为的举动（Keitel，2013a；Keitel，2013b）。作为共同开发者，黑森州立档案馆和巴伐利亚州立档案馆创建了用于采集和访问数据的工具。

为了将 DIMAG 服务付诸实践，巴登－符腾堡州立档案馆启动了与巴登－符腾堡数据处理网络下属的中央和地方数据中心的合作，并取得了良好的成果。数据中心提供 IT 基础设施和技术支持，巴登－符腾堡州立档案馆为与软件相关的档案问题提供专业支持。这个方案仍在进行中，到目前为止已在市档案馆的各种会议上展示。档案工作者对此很感兴趣，而档案馆也筹划着与三个地方数据中心进行合作。第一个测试项目与斯图加特市政数据处理区和大学档案馆共同合作，目前已经启动（Keitel，2013a）。②

总结而言，巴登－符腾堡州立档案馆的档案工作者认为所有类型的合作都能取得成功，然而在实践中寻找并说服合作伙伴进行合作可能会存在困难（Keitel，2013a）。巴登－符腾堡州立档案馆非常幸运地拥有像巴登－

---

① Elektronische Archivierung im Digitalen Archiv Nord（DAN），Landesamt für Kultur und Denkmalpflege Mecklenburg－Vorpommern，http：//www. kulturwerte－mv. de/cms2/LAKD1_prod/LAKD1/de/Landesarchiv/Elektronisches_Landesarchiv/Elektronische_Archivierung_im_Digitalen_Archiv_Nord/index. jsp.

② Digitale Langzeitarchivierung，Kommunale Informationsverarbeitung Reutlingen－Ulm，http：//www. rz－kiru. de/，Lde/Startseite/Service/DIMAG. html.

符腾堡数据处理网络，尤其是斯图加特市政数据处理区和卡尔斯鲁厄技术研究所这样的合作伙伴，而 16 个州立档案馆中还有 7 个想要共同开发这款软件。软件即服务已经发展成一个全球范围的现象。实际上，早在 20 世纪90 年代，档案馆便已考虑过外包方案，但是由于与第三方的数据转移、安全和访问有关的法律限制，外包方案并未得到实施（Ullmann，1998）。此外，从德国的例子可以看出，在许多州和城市中，公共云档案馆即将成为现实，而大学和教会也对使用 DIMAG 愈发感兴趣。

## 参考文献

Keitel，Christian. n. d. *Zuganglichkeit contra Sicherheit? Digitale Archivalien zwischen Offline – Speicherung und Online Benutzung*. http：//www. staatsarchiv. sg. ch/home/auds/06/_jcr_content/ Par/downloadlist_3/DownloadListPar/download_2. ocFile/Text% 20Keitel. pdf.

——. 2004. "Erste Erfahrungen mit der Langzeitarchivierung von Datenbanken. Ein Werkstattbericht." In *Digitales Verwalten*：*Digitales Archivieren*，*Veröffentlichungen aus dem Staatsarchiv der Freien und Hansestadt*，Band 19，ed. Rainer Hering and Udo Schäfer，pp. 71 – 81. Hamburg：Hamburg University Press. http：//www. staatsarchiv. sg. ch/home/auds/08/_jcr_content/ Par/downloadlist_2/DownloadListPar/download_9. ocFile/Text% 20Keitel. pdf.

——. 2010. "Digitale Archivierung beim Landesarchiv Baden – Württemberg." *Archivar*，1：23.

——. 2013a. "Dienstleisterpartnerschaften mit DIMAG." In *Das neue Handwerk*. Digitales Arbeiten in kleinen und mittleren Archiven. Vorträge des 72. Südwestdeutschen Archivtags am 22. und 23. Juni 2012 in Bad Bergzabern，ed. P. Müller and K. Naumann，pp. 54 – 57. Stuttgart，Germany：W. Kohlhammer.

——. 2013b. "DIMAG – Kooperationen." In *Digitale Archivierung in der Praxis*. 16. Tagung des Arbeitskreises "Archivierung von Unterlagen aus digitalen Systemen" und nestor – Workshop "Koordinierungsstellen，" Werkhefte der Staatlichen Archivverwaltung Baden – Württemberg Serie A，vol. 24. ed. Ch. Keitel and K. Naumann，pp. 147 – 155. Stuttgart，Germany：W. Kohlhammer.

Keitel，Christian，and Rolf Lang. 2010. "DIMAG und IngestList. Ubernahme，Archivierung und Nutzung von digitalen Unterlagen im Landesarchiv Baden – Wurttemberg." In *Archivische Informationssysteme* in der digitalen Welt，Werkhefte der Staatlichen Archivverwaltung Baden – Württemberg Serie A，vol. 23. ed. G. Maier and T. Fritz，pp. 55 – 60. Stuttgart，Germany: W. Kohlhammer.

Keitel, Christian, Kai Naumann, and Rolf Lang, eds. 2008. *Metadaten für die Archivierung digitaler Unterlagen*. http: //www. landesarchiv – bw. de/sixcms/media. php/120/48392/konzeption_metadaten10. 28354. pdf.

Kemper, Joachim, and Kai Naumann. 2013. "Selbermachen! Praktische Tipps zur Archivierung digitaler Unterlagen, Digitalisierung und ö ffentlichkeitsarbeit im Netz. " In *Das neue Handwerk. Digitales Arbeiten in kleinen und mittleren Archiven*, ed. P. Muller and K. Naumann. Vortrage des 72. Sudwestdeutschen Archivtags am 22. und 23. Juni 2012, Bad Bergzabern, 86. Stuttgart, Germany: W. Kohlhammer.

Kluttig, Thekla. 2006. "Strategies of German State Archives for the Preservation of Electronic Records. " In Archives in the New Age: The Strategic Problems of the Automatization of Archives Information. *Papers of the International Conference Warsaw*, September 28 – 29, 2001, Colloquia Jerzy Skowronek dedicata, ed. A. Biernat and W. Stępniak, pp. 56 – 59. Warsaw: Naczelna Dyrekcja Archiwo'w Pan'stwowych – Wydział Wydawnictw.

Lang, Rolf. 2013. "Die elektronische Grundakte in G – DIMAG. " In Digitale Archivierung in der Praxis. 16. Tagung des Arbeitskreises, Archivierung von Unterlagen aus digitalen Systemen, und nestor – Workshop, Koordinierungsstellen, Werkhefte der Staatlichen Archivverwaltung Baden – Württemberg Serie A Heft 24, ed. Christian Keitel and Kai Naumann, pp. 129 – 141. Stuttgart, Germany: W. Kohlhammer.

National Institute of Standards and Technology. 2011. *The NIST Definition of Cloud Computing: Recommendations of the National Institute of Standards and Technology*. Gaithersburg, MD: US Department of Commerce, National Institute of Standards and Technology. http: //csrc. nist. gov/publications/nistpubs/800 – 145/SP800 – 145. pdf.

National Library of Australia. 2003. *Ochrona dziedzictwa cyfrowego. Zalecenia*. Warsaw: Naczelna Dyrekcja Archiwo'w Pan'stwowych.

Naumann, Kai. 2007. "Alteste digitale Archivquelle der Bundesrepublik gesichert: Daten der Volkszählung von 1961 für das Land Baden – Württemberg übernommen und aufbereitet. " *Der Archivar*, 60 (1): 53.

Ullmann, Angela. 1998. "Der EDV – Ausschuß der Archivreferentenkonferenz des Bundes und der Lander 1972 – 1994. " *Der Archivar*, 51 (4): 587 – 607.

# Archivematica 即服务

## ——COPPUL 数字保存共享平台

布朗温·斯普劳特

马克·乔丹*

张晨旭　白宇哲　曲文哲**

## 引　言

本文介绍了一个由 COPPUL 开发的项目，该项目向其成员提供基于云计算的数字保存服务，尤其是那些希望保存数字化馆藏但更想通过托管服务来安置和管理本地的 Archivematica 实体的成员机构。Archivematica 是一个免费开源的数字保存系统，旨在维护对数字集合的基于标准的、长期的访问。这项 COPPUL 服务（Archivematica 即服务）展现了基于社区的数字保存模型的诸多好处，论证了成功所必需的一些前提条件，包括机构云计算、与开源供应商的合作经验、协同工作的经历，以及成员间的信任。

本文将首先介绍 COPPUL 及其数字保存工作组（DPWG）提供的共享服务，然后对 Archivema 即服务展开讨论，包括 COPPUL 提供服务的合理性、服务的细节、支持和沟通机制，还会描述其是如何被选择来满足数字保存需求的。本文考虑了提供者和服务利用者双方的利益，并且总结讨论了该

---

\* 布朗温·斯普劳特（Bronwen Sprout），加拿大不列颠哥伦比亚大学图书馆数字化项目与服务主管，InterPARES Trust 研究员。曾获大草原和太平洋大学图书馆联盟 2016 年杰出贡献奖。主要研究兴趣为图书馆数字保存与开放获取。

马克·乔丹（Mark Jordan），西蒙弗雷泽大学 W.A.C. 班尼特图书馆图书管理系统主管，InterPARES Trust 研究员。主要研究兴趣为数字图书馆、机构知识库等。

\*\* 译者：张晨旭，任职于中国人民大学信息资源管理学院；白宇哲，任职于中国人民大学信息资源管理学院；曲文哲，任职于中国人民大学信息资源管理学院。

服务未来的方向和挑战，包括可持续性、规模和共同治理的问题。

## 1. 关于 COPPUL 和 DPWG

COPPUL，即"领导发展协作化的解决方案，来应对学术信息资源的需求，员工发展需求以及其成员机构的保存需求"（COPPUL，n. d. a）。COPPUL 由位于马尼托巴、萨斯喀彻温、阿尔伯塔和英属哥伦比亚的 23 所大学图书馆，还有 15 个参与电子资源许可、折扣定价和电子资源许可优惠条款的下属成员组成。除了资源的联合许可，COPPUL 成员的权益还包括馆长和员工的网络和信息共享，推动合作项目的共享专业知识，成员图书馆工作人员的研讨会和再教育以及参与工作小组（包括 DPWG）的机会。COPPUL 的 2010－15 战略方向框架，明确了其作为研究和发展孵化器的定位，同时将数字和电子汇集确定为其主要关注的三个领域之一，COPPUL 及其成员将继续致力于数字化和数字保存领域。

其他工作组关注学术交流、研究数据、资料收集和投资回报。COPPUL 有数个项目，其中 Archivematica 即服务项目与共享纸质档案网络（SPAN）项目最有共同之处。SPAN 是一个分布式回溯性纸质存储库项目（COPPUL，n. d. c），旨在保存优秀的纸质期刊，并实现对纸质档案访问的共享。目前共有 21 个 COPPUL 图书馆参与该项目。通过成本分担、共同协作、共同领导的模式进行合作。这种合作经历为 COPPUL 成员共同合作保存数字资源铺平了道路。

DPWG 是 COPPUL 几个工作小组中比较活跃的一个。正如 DPWG 在其宗旨中指出的，他们的工作要及时了解记忆机构在数字保存领域取得的重大进展。COPPUL 和 DPWG 成员都参与了相关的数字保存工作，包括参与私有 LOCKSS 网络（Private LOCKSS Networks）、全球 LOCKSS 网络（Global LOCKSS Network）和 Portico，还有本地实施和使用 Archivematica、使用 Archive－It 功能保存网站，以及制定数字保存政策。在这种背景下，DPWG 还要负责为 COPPUL 图书馆成员开发数字保存的通用方案。该方案特别关注联合型或机构间合作的有效性。

DPWG 成立于 2012 年中期，在这之前，很多 COPPUL 成员有一起订阅、开发或者共享数字保存服务的经验，其中最相关的例子是 COPPUL PLN。

COPPUL PLN 成立于 2007 年 12 月，是 COPPUL 图书馆的馆长们同意支持的一个为期两年的实验项目。COPPUL PLN 的使命是"保存那些除了本地备份外没有其他保存措施的、与 COPPUL 成员利益相关的数字馆藏"（COPPUL Digital Preservation Working Group，n. d.）。所有本地生成的、具有丢失风险的馆藏都是 PLN 项目的备选者。已经入选的材料包括开放获取期刊（这些期刊大多数是使用开放杂志系统平台生成的）、原生数字政府出版物、论文和学位论文，以及本地数字化的材料。任何满足 COPPUL PLN 成员要求的 COPPUL 正式成员机构都有资格加入 PLN 项目。尽管 COPPUL PLN 的运作要求最少有 7 个成员参与，但是没有成员数的上限值。自 COPPUL PLN 成立以来，已经形成了至少 9 个参与节点。PLN 的运作最初由一个指导委员会监督，并由一个技术委员会提供支持，但 2012 年 DPWG 创立后开始负责该监督功能。

### 2. Archivematica 即服务

SPAN 和 PLN 的例子阐明了 COPPUL 成员们在共同开发与保存相关互利项目上的一些经验。然而，尽管 DPWG 成员充分理解数字保存的必要性和共享服务的优点，但能提供保存服务的服务在本地层面，尤其是在一些较小的机构中仍然缺失。COPPULL PLN 为某些类型的馆藏提供了冗余存储，但缺少保存的其他特征与功能，例如，格式转换、保存元数据等。为弥补部分存储和全面保存服务之间的差距，一些成员开始使用 Archivematica 数字保存软件，并由 DPWG 组建了一个工作组，来探讨测试结果和经验以及一些本地生产实施的工作流程。一些其他的 COPPUL 机构对实施 Archivematica 感兴趣，却没有本地基础设施来提供支持。虽然成员们对 Archivematica 软件普遍有着广泛的兴趣，[①] 但对 Archivematica 即服务第一次产生兴趣却是 2013 年 3 月在温哥华 DPWG 组织的数字保存研讨会上。该研讨会要求图书馆馆长与本机构的一名工作人员一起参加。会上许多演示和讨论都涉

---

① Archivematica 是一个免费开源的数字保存系统，旨在维护对数字对象集合的基于标准的、长期的访问。Archivematica 使用微服务设计模式提供一整套软件工具，使用户从入存到访问都能根据国际标准化组织 OAIS 功能模型处理数字对象。用户通过基于 Web 的仪表板（Artefactual Systems）监控和控制该微服务。

及成员们对 Archivematica 数字保存软件的使用。馆长们看到了共享服务的潜力，并要求 DPWG 做出提案跟进。该提案在 2013 年 9 月的会议上被提交给各位馆长，在商定供资模式之后，DPWG 的几名成员开始与 Archmatica 的领头开发商 Artefactual Systems 合作实施该服务。

在开发提供 Archivematica 托管服务时，托管和数字对象存储就设计为由一个或多个 COPPULL 机构提供。Artefactual 已经确定了潜在的商业云提供商名单，但是其中几乎没有加拿大的团队（出于对潜在用户隐私规定方面的考虑，特别是在敏感档案数据的存储上，加拿大团队是必要的）。巧合的是，英属哥伦比亚大学信息技术团队刚刚推出了一项叫作 EduCloud 的新的云托管服务，看上去很有发展前景。EduCloud 服务是基于英属哥伦比亚大学温哥华校区的云计算服务，允许用户从门户网站进行自我管理，并通过模板进行自我部署。重要的是，对于英属哥伦比亚省的客户而言，这项服务符合该省依照《信息自由和隐私保护法》规定的有关隐私要求。[①] 此外，它还提供虚拟服务器的服务，有服务器整合、资源池、服务高可用性和常规备份等优点。EduCloud 有多种消费模式可供选择，既可以按自身需求选择服务，也可以使用管护池服务（UBCIT，n. d. ）。EduCloud 能够满足 Archivematica 服务的需求，英属哥伦比亚大学图书馆提出担任英属哥伦比亚大学信息技术团队与 COPPUL/Artefactual 之间的桥梁。

Artefactual 选择 Educloud 的部分原因在于，EduCloud 虚拟机（VM）平台许可证有大量折扣，这意味着 EduCloud 在价格上与商业供应商相比更具竞争力。另一个更重要的因素是，所有参与方都认为，与英属哥伦比亚大学的合作得到的服务更可靠且责任方更加明确，因为 Artefactual 是一家私营公司，如果由它通过第三方商业云提供商（例如，Amazon Web Services）开发自己的私有品牌云服务的话，这点可能无法得到满足。而 EduCloud 的目标就是向学术机构提供低成本的计算和存储的基础设施，这个目标与 COPPUL 对大学图书馆的支持和 Artefactual 向社区提供开源软件的宗旨完美契合。

随着英属哥伦比亚大学被确定为云服务提供方之后，三方的角色也得

---

① 《信息自由和隐私保护法》，RSBC，1996，c 165。

以确定：服务将由 COPPUL 与 Artefactual 系统（Archivematica 领头开发者和支持提供者）联合提供，英属哥伦比亚大学是云存储提供者。服务职责按功能划分：COPPUL 负责推广服务，签约新机构，并资助 Archivematica 的技术支持；Artefactual 系统负责账户管理、安装、服务器管理和用户技术支持，以及每次重大升级的终端用户培训；英属哥伦比亚大学提供收费的服务器托管和数字对象存储服务。在英属哥伦比亚大学图书馆的纽带作用下，Artefactual 在 EduCloud 上配置和管理虚拟机。成员机构的独立虚拟机安装在 EduCloud 上，如果成员机构决定退出 COPPUL 服务，独立的虚拟机可以移动到机构内部。

这个方案为那些希望获得全面保存和访问服务的成员提供了机会，它们可以在付出较少资金投入的同时从 Archivematica 获取经验。服务和收费结构是基于分层模型设计的，可实现不同层次的存储、功能和支持服务。共有三种不同的服务等级可供成员机构选择（见表1）。

参与机构能从服务中获得实质性好处，包括使用现有数字保存平台的能力；从经验丰富的 Archivematica 开发人员和数字保存专家处获得培训和技术支持服务；以比本地系统管理低得多的成本进行集中式系统管理；由 COPPUL 补贴的年度维护和软件升级。参与机构作为 Archivematica 用户也会受益。DPWG 整体将受益于 Archivematica 保存方案中提出的附加方面的服务。实际上，Archivematica 服务的模型展现了未来共享保存网络的可能性。由于 Archivematica 是开源的，有较大规模的客户群和对 Archivematica 感兴趣的其他群体在公共论坛（即 Archivematica 讨论列表）中共享知识，包括讨论技术支持，这对参与机构也是有益的。

表 1　Archivematica 服务级别

| 铜级服务水平 | 银级服务水平 | 金级服务水平 |
| --- | --- | --- |
| • 基本获取及存储管理 | • 获取微服务 | • 全面获取微服务，加上 DIP 上传至 AToM 和全 AtoM 支持 |
| • 为每个对象分配通用唯一标识符 | • 1 级提供的所有服务 | • 1 级和 2 级提供的所有服务 |
| • 将数字典藏转移至 Archivematica | • 准备提交信息组件 | • 生成 DIP（访问副本） |

| 铜级服务水平 | 银级服务水平 | 金级服务水平 |
|---|---|---|
| ●分配 UUID（通用唯一标识符到每个对象） | ●分配描述性元数据 | ●将 DIP 上传到 AtoM |
| ●计算校验和 | ●规范化（生成保存副本） | ●在 AtoM 中显示数字对象 |
| ●提取打包文件 | ●生成 PREMIS 元数据 | ●增强元数据并管理 AtoM 中的增加 |
| ●生成 METS 文件 | ●生成 AIP METS 文件 | ●八个 CPU，48 GB RAM，2 TB 磁盘空间 |
| ●扫描病毒 | ●为 METS 文件编索引 | ●15 份支持性证明文件 |
| ●清理文件名（删除禁止的字符） | ●国会图书馆中 BagIt 格式的打包内容 | ●线上的 Archivematica 和 AtoM 培训 |
| ●提取技术元数据 | ●压缩 AIP | |
| ●识别格式<br>●验证格式<br>●索引转换<br>●分配权限元数据<br>●转移进安全存储器中<br>●定期验证存储的传输的校验码<br>●两个 CPU，16 GB RAM，400 GB 磁盘空间<br>●5 份支持性证明文件<br>●Archivematica 线上培训 | ●将 AIP 放置在安全存储中<br>●定期验证存储的 AIP 的校验和<br>●四个 CPU，32 GB RAM，1 TB 磁盘空间<br>●10 份支持性证明文件<br>●线上的 Archivematica 培训 | |

对于 Artefactual，集中托管模式的好处意味着低层次的问题是在无须个体客户知晓的情况下进行管理的。Artefactual 与英属哥伦比亚大学信息技术团队有着直接的联系，当问题出现时，他们可以在终端用户知悉前就将其解决。此外，集中托管还可以达到高标准化的水平，而这在服务器由每个机构各自管理时是较难实现的。从技术的角度来看，EduCloud 提供了一个计算资源池（中央处理单元、内存和存储），并且由 Artefactual 为每个机构提供了虚拟机，并根据用户服务级别分配资源。然后，Artefactual 在这些虚拟机上部署 Archivematica（以及 AtoM 档案著录软件），并配置应用程序以供用户使用。

在应用程序支持方面，当托管服务用户对如何使用该软件有疑问或在使用该软件时遇到技术问题时，服务帮助过程与其他 Artefactual 客户相同。对于小型机构自身而言，与 Artefactual 单独签署技术支持合同的成本可能过高，而 COPPUL 托管服务则可以使这些小型机构用户也享受到同样的技术支持服务。

### 3. 技术性基础设施

如前所述，该服务是托管在英属哥伦比亚大学的 EduCloud 服务器平台上的，另一家云基础设施提供商 OVH 被选为备份提供者。发展该服务的一个重要目标就是允许 Archivematica 托管在不同云平台上。

在初步研究并选择 EduCloud 之后，开始构建能够部署和管理私有云所需的基础架构。在 EduCloud 中（以 OVH 作为备份和测试环境）初步成功地进行部署测试之后，Artefactual 开发了一套基于开源自动配置管理系统 Ansible 的部署工具。在开发这些工具之前，安装 Archivematica 需要高水平的技术，而且要花费 3 ~ 4 个小时。Ansible 工具将部署时间缩短到 20 ~ 30 分钟。更重要的是，这些工具能记录并较容易地复写所有的配置信息。这有许多好处，包括改进备份、提高灾难恢复过程，以及在测试环境中完全再现生产站点以复制用户提交的 BUG。值得注意的是，一旦 COPPUL 基础设施建设完成，Artefactual 就能得到其他机构的资助，以改进和扩展原始 Ansible 工具。由于 Archivematica 是一个开源项目，这些工具根据 AGPL3 开源软件许可证正在发布，并进行推广以供其他人使用和改进。以这样的方式，COPPUL 不仅支持自己的成员机构，也广泛地支持整个数字保存群体。

上述基础架构显示了托管服务在各种硬件/软件环境中进行本地安装的优势。Artefactual 系统可轻松、标准化地访问所有客户端的配置。在同样的配置下，托管服务无须再考虑不同硬件、网络、存储和安全基础设施下的不同安装位置，服务的错误诊断和软件变得更加简单。此外，当多个机构在虚拟云托管的环境中集中资源时，根据数据处理的需求进行资源分配是一件很简单的事情。这意味着，具有大量视频文件的机构可以以相对较低的价格购买额外的处理能力。集中托管服务的最终优势是所有的客户都能够依靠 UBC 的 IT 部门来处理存储、安全、备份和其他方面的问题。这会为

IT 资源有限的小机构带来巨大改变。

## 4. 经验

到目前为止（写作时间约为该服务第一年年中），由于各种原因，不同参与机构实施 Archivematica 的进展有所不同。但总体而言，Artefactual 一直在服务培训、保存计划和实施等方面与所有参与机构积极合作，取得了很大的进步。在最初实施阶段，出现了一些有趣的问题。第一个问题是，机构需要向学校法律工作人员证明使用 Archivematica 保存机构文件符合学校的隐私政策。"安全考量"是开放档案信息系统（OAIS）参考模型中的重要组成部分，并在"Magenta Book"的附件 F（Consultative Committee for Space Data Systems，2012）中有过概述性的描述。但这些考量是"信息性的"而不是"规范性的"，这意味着它们只是简单地指出安全问题并定义合规的系统为解决上述安全问题需采取的措施，而不是去规定具体的技术安全模型。Archivematica 作为数字保存系统旨在遵守 OAIS 功能模型，对其权限范围内的内容实施特定的访问控制，但这些控制也必须与处理安全、隐私和文件留存的本地政策保持一致。

第二个问题是，实施 Archivematica 需要大量的资源，这与图书馆提供技术基础设施的能力无关。许多参与机构没有全面的数字保存政策或框架，缺乏数字保存框架去定义保存优先级和政策，迫使参与机构在安装启用该服务前需要花费人力资源去处理这些问题。然而在安装启用 Archivematica 之类的系统之前，没有一个全面的数字保存框架并不一定是件坏事。对于许多机构而言，安装启用 Archivematica 系统正好能为它们提供这样一个机会，让它们围绕 Archivematica 提供的运营策略确定保存优先级并制定相应的政策。

第三个问题也与第二个问题相关，就是将 Archivematica 与内容存储库（如 DSpace）集成在一起，这需要与校园核心 IT 部门的合作。如果这些存储库平台是被图书馆托管给核心 IT 部门，那么在存储库建立之初，可能并未考虑到要将存储库平台与外部应用程序（如 Archivematica）集成的要求，也有可能考虑到本地基础设施的安全策略不允许 Archivematica 的集成安装。例如，Archivematica 可以接受来自 DSpace（Artefactual Systems）的输出，但是如果要利用此功能，就需要以特定方式对输出内容进行访问，而许多核心 IT 部门在配置这种方式时都存在问题，特别是当初配置 DSpace 时未考虑到这种情况时，更容易出现问题。当然 Archivematica 的要求并不是不合理或不安全的，但在某些情况下可能会导致操作障碍。尽管如此，至少有一个参与机构已经开始接收 DSpace 的输出——使用 Archivematica 托管服务为它们提供了与核心 IT 人员合作调查、执行实施和集成的机会。

从 Artefactual 的角度来看，迄今为止合作在很多方面都是积极的。首先，COPPUL 的服务使他们能够与一些客户合作，这些客户因为缺乏本地的技术基础设施，原本不可能使用 Archivematica 系统。其次，为了实施 COPPUL 服务，Artefactual 开发了一套基于 Ansible 的自动配置管理系统的部署工具。在开发这些工具之前，安装 Archivematica 需要高水平的技术经验和 3 ~ 4 个小时的时间。而 Ansible 工具可以将部署时间缩短到 20 ~ 30 分钟。更重要的是，这些工具能记录并较容易地复写所有的配置信息。这有许多好处，包括改进备份、提高灾难恢复过程，以及在测试环境中完全再现生产站点以复制用户提交的 BUG。。这使得 Artefactual 能够与新的合作伙伴发展托管服务。例如，在 2014 年 8 月，Artefactual 和 DuraSpace 宣布共同合作一项服务，将 Archivematica 托管到 DuraCloud 平台上（DuraSpace，n. d.）。该合作服务目前已成为"ArchivesDirect"品牌。

### 5. 服务的未来方向

近期，最重要的事是鼓励更多 COPPUL 成员成为 Archivematica 即服务的用户。COPPUL 的 Archivematica 服务所提供的资金、可持续发展模式，以及灵活模式（根据需求配置必要的服务器和存储基础设施），将使得服务用户数量在未来几年内逐步增多。DPWG 以 Archivematica 服务为模型，正在为 COPPUL 成员探索开发其他的共享数字保存服务。如果适用，这些新服务也可能与 SPAN 的某些方面合成。最明显的就是这种服务能改变当前的 COPPUL PLN，使得网络中不是主机节点的 COPPUL 成员也可以获得共享存储容量。另一个可能是开发共享服务时，使用互联网保存的"Archive - It"服务来确保不是 Archivematica 用户的机构对网络协作保存计划有所贡献。Archivematica 即服务的成本分摊和共享服务模式，可以作为 COPPUL 中共享数字保存服务的模板。

## 6. 致谢

感谢 Evelyn McLellan、Justin Simpson 和 Artefactual Systems 的 Courtney Mumma。感谢你们在写作中提供的宝贵帮助。

## 参考文献

Consultative Committee for Space Data Systems（CCSDS）. 2012. Reference Model for an Open Archival Information System（OAIS）：Recommended Practice CCSDS 650. 0 – M – 2：Magenta Book. Washington，D. C.：CCSDS Secretariat. http：// public. ccsds. org/publications/archive/650x0m2. pdf.

COPPUL. n. d. a. About Us. http：//www. coppul. ca/about – us.

COPPUL. n. d. b. 2012 – 2015 Strategic Directions Framework. http：//www. coppul. ca/sites/default/files/uploads/StratFramework. pdf.

COPPUL. n. d. c. Shared Print Archive Network（SPAN）. http：//coppul. ca/programs/shared – print.

COPPUL Digital Preservation Working Group. n. d. PLN Subgroup. http：// coppuldpwg. wordpress. com/committees/pln – subgroup/.

DuraSpace. n. d. DuraSpace and Artefactual Partner to Offer New Hosted Service. http：// duraspace. org/articles/2211.

UBCIT. n. d. EduCloud Server Service. http：//it. ubc. ca/services/web – servers – storage/educloud – server – service.

图书在版编目（CIP）数据

云环境下的文件档案可信性保障／聂曼影主编. --
北京：社会科学文献出版社，2018.6
ISBN 978 - 7 - 5201 - 2304 - 4

Ⅰ.①云…  Ⅱ.①聂…  Ⅲ.①互联网络 - 应用 - 电子
文件 - 档案管理  Ⅳ.①G276

中国版本图书馆 CIP 数据核字（2018）第 033892 号

## 云环境下的文件档案可信性保障

主　　编／聂曼影

出 版 人／谢寿光
项目统筹／王玉敏
责任编辑／王玉敏　赵　冉

出　　版／社会科学文献出版社·独立编辑工作室（010）59367153
　　　　　　地址：北京市北三环中路甲 29 号院华龙大厦　邮编：100029
　　　　　　网址：www.ssap.com.cn
发　　行／市场营销中心（010）59367081　59367018
印　　装／三河市尚艺印装有限公司

规　　格／开 本：787mm×1092mm　1/16
　　　　　　印 张：12.75　 字 数：198 千字
版　　次／2018 年 6 月第 1 版　2018 年 6 月第 1 次印刷
书　　号／ISBN 978 - 7 - 5201 - 2304 - 4
定　　价／69.00 元

本书如有印装质量问题，请与读者服务中心（010 - 59367028）联系